事例で学ぶ
認知症の人の
家族支援

認知行動療法を用いた支援プログラムの展開

編著 福島喜代子

著 結城千晶

中央法規

はじめに

　日本の高齢化はますます進み、4人に一人は高齢者という時代を迎えました。そして、65歳以上の高齢者のおよそ15％は認知症であると推計されています。厚生労働省によると、2012年における認知症有病者推計数はおよそ462万人で、今後ますます増加すると予測され、2025年には700万人を越えると推計されています。

　日本では、2000年に介護保険制度が創設され、認知症の人に対しても、一定のサービスが提供されるようになりました。しかし、認知症の人が介護保険の要介護認定を受けても、要介護度は比較的低く認定される傾向にあると言われています。そのこともあり、認知症になったからといって介護保険サービスをすぐに毎日・何時間も利用するようになることは多くはありません。まして、認知症になったからといって、すぐに特別養護老人ホームや認知症の方専門のグループホームなどの入所施設に入所することはないでしょう。むしろ、認知症の人の多くは在宅生活を続けます。すると認知症の人の介護のかなりの割合を家族が担うことが多くなります。介護保険のサービスは、原則として認知症の人本人に向けて提供されます。しかし、介護を担われている家族は、本人とは別のニーズ（必要）を有しており、情報提供や個別支援を必要としています。となると認知症の人の家族介護者にもサービスの提供が必要でしょう。認知症の人を支える家族の会などの自助グループが貴重な取り組みを続けてきておられ、そのような取り組みへの参加が推奨されますが、そのような会合に参加できない方もおられます。家族に対するサービスはさまざまなものが求められているでしょう。

　本書では、認知行動療法を活用した家族支援プログラムを紹介します。このプログラムでは家族に対する1回限りの情報提供、面接、講演、会合ではなく、数か月にわたって、複数回、個別支援を提供します。今後、本書で紹介するような、認知症の人の家族支援プログラムがますます求められると思います。

　本書は4章構成となっています。第1章では、認知症の人の家族がたどる心理的ステップを、事例をもとに説明しています。続く第2章では、認知行動療法を用いた家族支援の実際を紹介し、認知行動療法を用いた家族支援プログラムをどのように実際の事例へ適用したかを具体的にお示しします。認知症の人と家族、そして、支援者の支援の様子を分かりやすく示しています。第3章では、家族支援プログラムの展開について説明します。本書の家族支援プログラムは、6回以上の個別訪問による支援がプログラムの核となります。そこで、それぞれの訪問回ごとに説明する内容や用いる配布資料を示します。配布資料部分は、本書を手にとった支援者が、認知症の人の家族支援にそのまま用いていただけるように工夫をしました。そして、第4章では、本書と関連する、海外の認知症の人の家族支援プログラムの研究動向をまとめました。

　本書で取り上げる認知行動療法は、行動理論、認知理論をもとにしたアプローチです。これは、認知症の人や家族の行動や認知に着目し、認知症の人や家族が、少しでも長く安定して生活し続けられるよう働きかけていくアプローチです。

　家族支援プログラムの中では、認知症の人のターゲットとなる行動を変えよう（軽減しよう）と

することがあります。このようなとき、何に対してどのように働きかけをすると認知症の人の行動を変えるのに有効かを、行動理論をもとに考え実施します。その結果、認知症の人に直接働きかけるのではなく、ほとんどの場合、家族介護者等、周囲の者の対応の仕方や環境を変えるよう働きかけることになります。

また、家族支援プログラムの中で、家族介護者の介護にまつわる否定的感情を軽減しようとすることがあります。このようなとき、何に対してどのように働きかけをすると、家族介護者のつらい気持ちの軽減につながるのかを認知理論をもとに考え実施します。その結果、家族介護者の感情に直接働きかけるというよりは、ほとんどの場合、認知を変えることや、ストレスへの対処方法を獲得する方向へ働きかけをしていきます。このように、認知行動療法は、支援の内容と方向性がはっきりとしており、具体的であるという傾向があります。

しかし、認知行動療法を用いるからといって、プログラムの中身を機械的に適用し、教示的態度のみで認知症の人とその家族介護者に関わっても何もうまくいきません。家族介護者への支援では、認知行動療法の内容よりも大切にしなければならないことがあります。それは、家族介護者や認知症の人を尊重し、共感することです。支援者は、まずは家族介護者がこれまで行ってきた日常生活上の工夫などを十分に評価し、ねぎらい、共感し、信頼関係を結ぶ必要があります。その上で、認知行動療法を用いた家族支援プログラムを実施します。家族支援プログラムの実施時も、何より、人格を尊重し、共感する態度を維持し続けることが大切です。

本書の第1章から第3章までは、結城千晶の長年のソーシャルワーカー・ケアマネジャーとしての実践と、大学院の修士論文執筆で得た知見と題材をもとに、福島喜代子と結城千晶で共同執筆しました。第4章は、福島喜代子の執筆によるものです。

本書で用いた家族支援プログラムの前身は、結城千晶の修士論文の調査研究で少数の家族にご協力いただき実施しました。調査の結果、一部の家族介護者に統計的に有意な変化が見られました。また、有意な結果は得られなかったものの、改善傾向が見られた家族もありました。いずれの家族においても、家族介護者と認知症の人との関係性には、質的によい変化が見られたと私たちは評価しました。今後、本書の家族支援プログラムの効果については、さらなる検証をしていく必要があるでしょう。

認知症の人と家族介護者を支援するケアマネジャー、ソーシャルワーカー、その他の福祉保健医療関係者たちによる、認知症の人とその家族介護者に対する支援の場面で、本書がその一助になれば幸いです。また、本書を手に取ってくださった、認知症の人の家族介護者のお役に立つ面があればとても嬉しく思います。多くの認知症の人が安定して、家族との生活を長く続けられることを願っています。

本書が世に出るために、多くの方のお力添えをいただきました。中央法規出版の野池隆幸さんと中村強さんの後押しには特に助けられました。感謝いたします。

2017年1月　福島喜代子

CONTENTS

はじめに ……………………………………………………………………………………… 2

第1章　認知症の人の家族介護者がたどる心理的ステップ ……………… 9

1　家族介護者のたどる4つの心理的ステップ ………………………………… 10
　　1．とまどい・否定の時期 ……………………………………………………… 11
　　2．混乱・怒り・拒絶・抑うつの時期 ………………………………………… 16
　　3．あきらめ・割り切り・適応の時期 ………………………………………… 20
　　4．理解・受容の時期 …………………………………………………………… 24

第2章　認知行動療法を用いた家族支援の実際 …………………………… 29

1　認知行動療法とは ……………………………………………………………… 30
　　事例1　自分の帰りが遅いと不安を感じ、小言を言い続けてしまう
　　　　　　認知症の母親を介護する娘への支援

2　「考え方」が変わると「感情」や「行動」も変わる
　　～家族介護者の「考え」―「感情」―「行動」の関係性を振り返る、自己モニタリングの支援～ ……… 37
　　事例2　食べ物を目にするとすぐ口に入れてしまう妻と、思わず叱ってしまう夫への支援

3　介護肯定感が困難を乗り越える力に …………………………………………… 42
　　事例3　日常生活上の動作はできなくなっても、家族への思いやりや気遣いを示してくれる
　　　　　　認知症の母親を介護する次女への支援

4　本人の主観的世界を理解し、同じ世界に立つ ………………………………… 47
　　事例4　会社の重役をしていた頃の記憶が最も残っている認知症の夫を介護する妻への支援

5　本人の「現在位置」の確認　～横並びのサポートで今ある力を支える～ …… 52
　　事例5　服薬管理が自分でできなくなっていることを認めない
　　　　　　認知症の父親と同居介護する娘への支援

6　伝わるのは話の内容より、話し手の感情　～「快」か「不快」かがポイント～ ……… 57
　　事例6　プライドが高くて人からの支援を受け入れられない
　　　　　　認知症の義母を介護するお嫁さんへの支援

7 「快」を送るコミュニケーション ……………………………………………………… 62
   事例7　亡くなったお姑さんがまだ生きていると思い込んでいる
        認知症の妻を介護する夫への支援

8 望ましい行動を引き出す方法　～「きっかけを変える」、「正の強化」などの対応～ ……… 66
   事例8　歯医者に行くことへの抵抗が強く、質問攻めにしてしまう
        認知症の夫を介護する妻への支援

9 望ましくない行動を減らす　～「きっかけを変える」と「対応を変える（消去）」～ ………… 73
   事例9-1　持ち物の確認行動が繰り返される認知症の夫を介護する妻への支援
   事例9-2　通所仲間への否定的評価が繰り返される認知症の母の家族介護者への支援

10 いつものパターンを変えてみる
   ～よい循環へのコミュニケーションの変化を起こすヒント～ ……………………………… 81
   事例10　コミュニケーションが悪循環に陥っている認知症の母親と同居する娘への支援

第3章　家族支援プログラムの展開 …… 87

1 家族支援プログラムの概要 ………………………………………………………… 88
   1．プログラムの目的・流れ ………………………………………………………… 88
   2．訪問・電話セッションの流れ …………………………………………………… 92

2 プログラムの展開：オリエンテーション ………………………………………… 93
   1．オリエンテーションの流れ ……………………………………………………… 93
   2．プログラムの説明・認知症の人と家族のアセスメント・信頼関係の構築 ……… 94
   3．認知症の特性を把握する ………………………………………………………… 95

3 プログラムの展開：第1回の支援 ………………………………………………… 99
   1．第1回のねらいや内容 …………………………………………………………… 99
   2．家族介護者がたどる心理的ステップの理解 ……………………………………… 101
   3．つながりの再確認を行う ………………………………………………………… 104
   4．認知症の人と家族介護者の心は合わせ鏡 ……………………………………… 108
   5．介護者の健康度、ゆとり、サポート環境を見直す ……………………………… 110

4	プログラムの展開：第2回の支援	113
	1．第2回のねらいや内容	113
	2．認知行動療法をベースに支援する	114
	3．モニタリング記録を行う	116
	4．介護肯定感を高める	120
5	プログラムの展開：第3回の支援	123
	1．第3回のねらいや内容	123
	2．同じ世界に立つ	124
	3．「現在位置」の確認をしよう	128
6	プログラムの展開：第4回の支援	132
	1．第4回のねらいや内容	132
	2．認知症の人のコミュニケーションと心理	133
	3．会話で「快」を送る方法	139
	4．望ましい行動を増やすための理解	142
7	プログラムの展開：第5回の支援	148
	1．第5回のねらいや内容	148
	2．対応に困る行動が減るようになるための理解	149
	3．支援プログラムでの消去の活用	152
	4．いつものパターンを変えることの理解	154
8	支援プログラムの振り返り：第6回の支援	157
	1．家族支援プログラムの振り返り	157
	2．家族支援プログラムを終えて　〜認知症の人が安心して生活できる環境づくり〜	160

第4章 認知症の人の家族に効果的な支援 ……… 161

1 科学的根拠に基づく認知症の人の家族支援プログラム ……… 162
 1．介入方法の効果の有無を検証 ……… 162
 2．何の効果を測るか、求めるか ……… 162
 3．日本における認知症の人の家族介護者への介入研究 ……… 164
 4．諸外国における認知症の人の家族介護者への介入研究：
  臨床的な文献レビュー ……… 164
 5．認知症の人の家族介護者への介入方法の効果：
  システマティック・レビュー ……… 166
 6．認知症の人の家族介護者のソーシャルサポートに焦点を当てた
  介入プログラム：システマティック・レビュー ……… 168

2 効果があるとされた家族支援プログラムの具体的内容 ……… 171
 1．効果が見られた介入方法：グループ対処法
  Group Coping Strategies（gCS）Hepburnら（2001）の米国ミネソタ州を拠点とした研究 ……… 171
 2．効果が見られた介入方法：個人対処法
  Individual Coping Strategies（iCS）Marriottら（2000）の英国を拠点とした研究 ……… 174
 3．効果が見られた介入方法：グループ行動マネジメント法
  Group Behavioral Manegement Techniques（gBMT）BrodatyとGreshman（1989）に
  よるオーストラリアを拠点とした研究 ……… 175
 4．効果が見られた介入方法：個別行動マネジメント法＜6セッション以上＞
  Individual Behavioral Management Therapy（iBMT）Mittlemanら（1995）；
  Mittlemanら（2004）米国ニューヨーク州を拠点とした研究 ……… 177
 5．総合的な介入プログラムの検証研究　―REACH Ⅰ、REACH Ⅱ プロジェクト― ……… 181
 6．REACHプロジェクトのESPプログラム（訪問型―家族スキル構築プログラム） ……… 184

3 さまざまなプログラムの共通点と特徴 ……… 188
 1．各プログラムの特徴の整理 ……… 188
 2．本書で紹介している家族支援プログラムとの関係 ……… 191

引用・参考文献 ……… 193

第1章

認知症の人の家族介護者がたどる心理的ステップ

　本章では、認知症の人と家族介護者のたどる心理的ステップを実際の事例をもとに示します。認知症の人を介護する家族は、介護の過程において一定の心理的ステップをたどると言われています。人によってたどる順番や内容が多少異なるものの、多くの家族介護者が類似の道筋をたどると言われています。

　ここでは、認知症の人と家族介護者の7年間にわたる生活の様子を示します。認知症の進行に伴い、家族介護者の介護の焦点と家族介護者の心理的状況が変化していく様子が描写されています。

　心理的ステップは、「とまどい・否定」の時期、「混乱・怒り・拒絶・抑うつ」の時期、「あきらめ・割り切り・適応」の時期、「理解・受容」の時期の4つとされています。これらのステップに要する時間は家族ごとに異なります。支援者は、認知症の人と家族介護者と接するとき、その家族の心理的ステップの段階とこれまでの過程をもとに、今後の予測を立てつつ、必要な支援を行います。

　それぞれの時期に支援者が家族介護者に対して留意すべき点も合わせて解説していきます。

家族介護者のたどる4つの心理的ステップ

　この章では、認知症の人（SSさん）の事例を通じて、認知症の進行の過程とそれに伴う生活障害の様子、その介護を担う家族がたどる心理的ステップについて解説します。

　家族介護者がたどる心理的ステップは、「とまどい・否定の時期」「混乱・怒り・拒絶・抑うつの時期」「あきらめ・割り切り・適応の時期」「理解・受容の時期」の4つのステップで表されます（杉山 2012；認知症の人と家族の会愛知県支部 2012）。支援者は、認知症の人と家族介護者が心理的ステップのどのあたりにいるのかをアセスメントし、これまでの歩みと今後の予測を立てていきます。

　「認知症を患っているかもしれない」という考えは、認知症の人自身はもとより、家族にも大きな不安をもたらします。「そのようなことは想像もしたくない」という考えの人もいるでしょう。家族介護者が「とまどい・否定の時期」にいるとき、支援者は家族介護者のとまどいや否定的な気持ちを受け止めつつ必要な情報提供をしていきます。

　認知症の人がさまざまな症状を呈し、生活障害が出てくると、家族が認知症であることを肯定する・しないにかかわらず、家族介護者は「混乱・怒り・拒絶・抑うつの時期」に入り、これらの感情のうち、一つ、あるいは複数の感情の組み合わせを感じるでしょう。支援者は、家族介護者がこの状態にあるときに、家族介護者にしっかりと共感しつつ、家族介護者ができるだけ早くこの時期を抜け出せるよう支援をしていきます。同じような立場にある他の家族と出会う機会があることや、家族介護者のことを物理的・心理的にサポートしてくれる人の存在があることが助けになり、次のステップへの移行にもつながります。

　認知症の人が認知症であることを家族は受け止めざるを得なくなると、多くの家族介護者は「あきらめ・割り切り・適応の時期」に入ります。家族介護者は、認知症の人が認知症になる以前の状態に戻ることはないことについてあきらめ、多くの人は割り切って介護をするようになります。支援者は、家族介護者が認知症の人の介護者としての役割に、家族介護者がうまく適応していけるよう支援していきます。その一方、認知症の人が認知症であっても、家族の一員として家族とともに生活していけるよう支援していきます。

　認知症の人が認知症であっても、もともとの「その人らしさ」を醸し出すことは多くあります。家族介護者が認知症の人が認知症を併せ持つ人であることを理解し、

受け止められるようになると「理解・受容の時期」に入ったといえます。家族介護者が認知症の人を理解し、受容したほうが、認知症の人も、もともとのその人らしさを醸し出す瞬間を多くみせてくれます。支援者は、家族介護者が認知症の人を理解、受容しつつ穏やかに生活を続けられるよう支援していきます。

　それでは、事例を通して、心理的ステップを学んでいきましょう。

【はじまり】
　SSさん（71歳）は、勤続40年の旧国鉄マンでした。奥さんと2人暮らしで、定年後はOB会のリーダー、地元の老人会の会長、ゴルフ、詩吟や、さまざまな付き合いと充実した毎日を送っていました。しかし、70歳を過ぎてから、得意だった人前でのあいさつにつまずくようになり、老人会の会計役がうまくこなせなくなるなどの状態が見られました。

1. とまどい・否定の時期

「とまどい・否定」の時期とは

　「とまどい・否定」の時期とは、家族が認知症であるかもしれないことについてとまどい、家族介護者が受け止められず、認知症であるかもしれないことや、認知症であることを否定したりする時期です。
　「認知症を患っているかもしれない」という考えは、認知症の人自身も、家族もできれば考えたくないことです。しかし、認知症の人は、徐々に日常生活上で失敗が多くなり、それまでできていたことができなくなってきたりします。認知症の人の多くは、自分の変化にとまどい、そのような失敗や能力の低下を他の人に知られまいとします。家族も認知症の人の変化をうすうす感じながら、気づかないふりをしたり、「まだ治る」という考えから、訓練しようとしたり、叱咤激励をしたりします。
　認知症の診断がつくと家族は大きな衝撃を受けます。多くの家族は、認知症の診断がついたことにとまどい、受け止めきれず、否定しようとします。認知症の人も、認知症であることの診断を知った場合には、多くの場合、衝撃を受けます。ただし、そのことを認知症の人が家族にどのように表現するかは人それぞれです。

事例

【200×年、9月】

　ある日、SSさんの奥さんが泊まりがけで出かけ、一泊して自宅に帰ると、SSさんは「一体どこに行っていたんだ！」と声を荒げ、動揺している様子でした。奥さんはSSさんに事前に泊まりになることを伝え、留守中の準備も整えて出かけたにもかかわらず、SSさんはすっかりその記憶がないようでした。奥さんは「これはおかしい」と認知症を疑いました。この経験の後、奥さんは、まず、近くの内科の医師に相談しましたが、「心配するほどではないですよ」と言われました。

事例

【200×年＋1年、9月】

　その後、奥さんは、医療関係の知人に相談し、SSさんを脳ドックと大学病院の診察に連れて行きました。さまざまな検査の結果、2つの医療機関で認知症であることをはっきり告げられました。診断を聞かされて、奥さんは、初めは信じられませんでした。認知症の知識はほとんどありませんでしたし、その頃は、SSさんの運転で診察を受けに行くなど、SSさんは見た目には健康だったからです。それから、奥さんは少しでもよい薬や治療法などについて知ろうと必死になりました。

　SSさんはその後、大学病院に通院し、アリセプト（アルツハイマー型認知症治療薬）を処方され服用しはじめました。老人会など、対外的な役割は奥さんがカバーしていましたが、日常の生活はほとんど一人でできていたこともあり、この先、目の前の夫が本で説明されているような状態になるという想像はつきませんでした。

解説

　SSさんがそれまで得意だった人前でのあいさつにつまずくようになったこと、そして、老人会の会計係がうまくできなくなったことなど、家族は薄々SSさんの変化に気づきつつあったでしょう。しかし、「認知症を患っているかもしれない」という考えは、認知症の人自身はもとより、家族にも大きな不安をもたらします。多くの家族がそうであるように、はじめの頃、SSさんの奥さんも「夫が認知症になるなんて想像もしたくない」という考えがあったでしょう。このような頃から、家族介護者の「とまどい・否定の時期」は始まります。

　そして、「認知症ではないか」という心配が、診断ではっきりして、病気が決定づけられました。
　それにより、今までのしっかりした本人像が全く変わってしまうのではないかという不安、あるいは、これまでの本人像とのギャップを受け入れ難い気持ちが家族介護者の中に生じました。家族介護者はやはり認知症なのかというとまどいと、診断などを否定したい気持ちが入り混じった「とまどい・否定」の時期にあたります。

　支援者は、最初の「とまどい・否定」のステップにある家族介護者の気持ちを理解することが大切です。この反応は、家族介護者の立場や置かれている状況、考え方によって違ってきます。とまどいや否定の気持ちが強いほど、家族は、自分の家族が認知症を患っていることを受け入れ難く感じます。そのため、認知症を「治そう」としたり、「訓練をして進行を遅らせよう、鍛えよう」としたり、日常生活でこまごまと正そうとしたり、叱咤激励をしてしまいます。一方、比較的冷静に受け止められた家族ほど、家族介護者としての「役割」に目が向き、介護保険サービスなどのスムーズな利用へ進むことができるようです。

事例

【200×年＋1年、11月】
　SSさんの奥さんは、診断を受け、認知症に関する本を何冊も読み、ふと目にした認知症の家族会への参加をはじめ、頭では事実を受け止めざるを得ない、という気持ちになりました。SSさんの奥さんが参加したある日の家族会の例会に、他の家族が認知症の本人を連れてきていました。その認知症の方はSSさんよりかなり重症で、奥さんは今まで実感が沸かなかった認知症の人の状態を目の当たりにした思いでした。そして、その進行した認知症の方を介護している家族と自分を比較して、奥さんは「主

人は家族会の間、留守番もできるし、身の回りのこともまだできるなど、それほど大変ではないのだから、自分はまだまだ楽なほうだ」という気持ちになりました。それまで奥さんは、SSさんの「できない面」に目がいきがちでしたが、逆に「できている面」や、穏やかで騒いだりしないことなど、ご主人の「よいところ」や「強み」に目が向くようになりました。

　SSさん本人は、診断を受けても特に精神的に落ち込んだ様子は見られず、自分から病気に関する話をしてくることはありませんでした。また、地方に嫁いでいる娘2人は、それなりに病気を受け止めてくれました。

解説

認知症の家族介護者の心理を分析した研究によると、「とまどい・否定」のステップにある家族が、次の心理的ステップや介護行動に移行するためには、

> ① 他の家族介護者の状況や体験を知り、家族介護者が自己の状況を客観視し、気持ちの転換をする場があること
> ② 同じ立場の人と気持ちを共有することで安心感を得られる環境があること

が重要であると報告されています（鈴木 2006）。

　たとえ物理的・時間的に家族同士の直接の交流が困難でも、支援者は、他の家族介護者の体験談や受け止め方の紹介などを行い、家族介護者が自分の状況を違う角度から受け止められるよう支援していきます。

　SSさんの奥さんの場合、早い時期に本で知識を得て、家族会にも参加し、頭では事実を受け止めざるを得ない、という気持ちになることができました。このように家族に介護の基本方針についての心構えができることは、その後の介護環境を整え、認知症による症状や障害の現れ方を穏やかなものにしていくうえで重要なことです。

　一方、家族介護者自身や家族介護者を囲む環境により、家族が認知症であることを受け入れることがなかなかできず、そこに至るまで長い時間がかかる場合もあり、家族が介護者として歩む道のりは一様ではありません。家族それぞれに病気の受け止め方や感じ方、支援の求め方や速度が異なります。支援者は、家族全員一人ひとりを尊重し、家族の歩みに寄り添う必要が

あります。そのことにより、家族は支えを得て、介護に向き合う気持ちが生まれます。支援者は、問題を投げかけたり、後押ししたりしながら、伴走することが大切です。

【200×年＋2年、正月】

お正月に娘夫婦や孫たちが集まりました。夕食時、孫の話題で皆で盛り上がり、楽しいおしゃべりができました。しかし、翌朝、SSさんは「ところでAちゃん（孫）はどうしている？」と昨晩の話を全く覚えていませんでした。このことに、娘たちも唖然としました。その一方、その晩SSさんは、娘と娘の夫にしんみりと、「迷惑をかけないようにやっていきますから」と言って涙を見せました。SSさんは、自身の病気の進行を感じ、家族に心配をかけたくないという思いがあったのでしょう。奥さんはSSさんの思いを初めて知り、家族でそのような話ができたことを嬉しく思い、家族の力に励まされました。

ただ、普段は娘たちとは離れており、家族介護者は奥さん一人のため、奥さんの精神的な支えになっていたのは、家族会で知り合った家族介護者仲間や近所の話せる一部の人でした。

解説

介護負担感の軽減には、家族介護者のサポート環境の形成が大きく影響すると言われています（新名1992）。

> ① 主介護者が一人で介護を抱えこまないよう、介護を補完できる介護補助者の存在
> ② 相談に乗ったり、一緒に行動したりしてくれる家族や支援者の存在

支援者は、家族介護者を取り巻く環境、さらに家族やインフォーマル・ネットワークの状況を把握し、家族介護者のサポート環境の形成を支援していくことが重要です。

SSさんの奥さんの場合、主介護者が奥さんであり、近くに介護を補完できる介護補助者はい

ませんでした。しかし、① 家族会に早くから参加したことにより、同じような体験をした他の家族と、気持ちや体験を共有する機会を得ていたこと、② 近所の人のサポートを得られていたこと、そして、③ 遠くにいる親族の理解や心理的サポートが得られたこと、がありました。このような状態があることにより、SS さんの奥さんは、家族介護者の心理的ステップを次に移行していくことができたといえるでしょう。

家族支援プログラムでは

「とまどい・否定」の時期にある家族介護者に対して、支援者は第3章3の「2．家族介護者がたどる心理的ステップの理解」(p101)や「5．介護者の健康度、ゆとり、サポート環境を見直す」(p110)などの内容を活用し、認知症の進行に伴い、家族介護者がどのような心理的ステップをたどるものであるかについて、そして、家族介護者のサポート環境を整えることの大切さなどについて情報提供をします。

また、地域ごとに家族介護者向けに地域包括支援センターや認知症疾患治療センター等で開催されている「家族教室」「介護者講座」などを紹介するなどしていくとよいでしょう。さらに、認知症の人の家族会を紹介し、一度会合に顔を出してみることを勧めたりします。

そして、主たる家族介護者一人で抱え込まないこと、できるだけ、早い時期から他の家族員の心理的・物理的支援を受けられる体制をとることなどを後押ししていきます。

2．混乱・怒り・拒絶・抑うつの時期

「混乱・怒り・拒絶・抑うつ」の時期とは

「混乱・怒り・拒絶・抑うつ」の時期とは、「どまどい・否定」の時期から移行し、家族が認知症であることを家族介護者が頭では理解するようになった時期にあたります。頭では理解するようになったとはいえ、家族介護者は、この時期、認知症の人の状態の変化に慣れない上に、認知症の人への接し方もまだ分からない状態にあります。そのため、多くの家族はこの「混乱・怒り・拒絶・抑うつ」の時期に入ります。

この時期、認知症の人も自分の状態の変化に混乱しがちな時期ですが、家族介護者も日々変化する認知症の人の状態に混乱します。また、認知症の人が以前はできていたことができなくなり、生活上の障害が多くなってきます。家族介護者がその対応や後始末に追われる場面が増え、介護に時間をとられるようになります。家族介護者は怒りの感情を感じることもあります。そして、その怒りの感情を認知症の人にぶつけてしまうこともあります。さらに、家族介護者によっては、介護者としての役割を引き受けることや、変わってしまった認知症の人を受け入

れ難く感じ、拒絶することもあります。一方、家族介護者によっては、この時期に抑うつ状態になることもあります。それに伴い不眠、食欲不振、疲労、沈んだ気持ち、決断ができない、感情のコントロールがしにくい、などさまざまな症状があらわれることもあります。

 【200×＋3年、春】

　SSさんの認知症の進行により、生活面の支障が少しずつ増えていきました。奥さんは、散歩をすることが認知症の進行防止によいと知り、借りていた畑へ散歩に連れ出したり、囲碁が頭の体操になると考え、一緒に打ってわざと負け、SSさんが満足感を得られるようにしたりするなど、いろいろと考えて行動していました。

　この頃から、SSさんはうまく歩けずヨタヨタするようになりました。夫の衰えを見て、「もっとしっかりさせなければ」と思い、奥さんは、「歩けなくなると病気がすすむから」とSSさんにはっぱをかけることもありました。

　この頃SSさんはときどき駅に一人で出かけて行きました。旧国鉄マンだったせいでしょう。奥さんが止めても止めきれないため、その度に奥さんは自転車で追いかけて行きました。駅までの道中、SSさんが転倒し、血だらけになって通行人に助けてもらうこともありました。さすがにもう老人会やOB会の役員の継続は難しいと考え、役員さんに病気のことを伝えました。しかし、状況を説明しても、「後任を見つけてから辞めてほしい」とか、「何もしないともっと悪くなるから形だけでも続けてほしい」など、理解のない対応をされ、怒りを感じたり、悲しい思いをしたりもしました。

　SSさんは、夜は早く寝てくれました。そのおかげで奥さんは、夜は自分一人でほっとして過ごせる時間になっていました。ところが、ある日、夜中にSSさんが突然無言で廊下に立っていたことがあり、奥さんはびっくりして「何やっているの！」とすごい剣幕で怒鳴ってしまいました。徘徊や転倒で、外で人に迷惑をかけるようになり、奥さんはいつもハラハラ、緊張しており、SSさんにその怒りをぶつけてしまうことが以前より明らかに増えていきました。

解説

　認知症が進行してくるにつれて、認知症の人の生活上の障害は増えていきます。そのため、家族が介護者として担う役割やものごとも増えていきます。頭では「病気のせい」だと理解できていても、感情面では割り切れない思いや否定的な気持ちを持ってしまうこともあるでしょう。

　SS さんの場合も、奥さんは SS さんが認知症であること、認知症が徐々に進行していくものであることは理解していました。しかし、ある日、夜中に無言で廊下に立っている SS さんに出会ってしまい、混乱し、怒りの感情が爆発してしまったのでしょう。落ち着いて考えれば、SS さんが「今何時なのか」「ここがどこなのか」などが分からなくなったために、廊下に立っていたということを理解できるのですが、奥さんはそのときの自分の反応までコントロールすることは難しかったのです。SS さんの奥さんの心理的ステップは、「混乱・怒り・拒絶・抑うつ」の時期にあたります。

　「混乱・怒り・拒絶・抑うつ」の時期は、家族介護者の否定的な感情が、認知症の人に向きやすい時期です。しかし、認知症の人と家族介護者は合わせ鏡のような関係にありますので (p108)、SS さんの奥さんが SS さんに対して否定的な感情を向けると、SS さんもより混乱してしまいます。

　家族介護者の否定的な感情（批判的コメント、敵意、情緒的巻き込まれ）が認知症の人に向けられると、認知症の人はより混乱し、否定的行動（例えば、非協力的、威嚇的、身体的乱暴など）が増加するという報告もあります (三野ら 2006)。家族介護者の否定的な感情の表出が認知症の人の否定的行動を助長し、それが家族介護者の不適切な介護（虐待や放任など）のきっかけとなることもあり、この時期は、認知症の人にとっても、家族介護者にとっても一番厳しい時期です。

　一方、家族介護者が怒りの感情を自分の内面に抑え込むと、「抑うつ状態」になりがちです。家族介護者が抑うつ状態になることは珍しくないことです。不眠、食欲不振、疲労、沈んだ気持ち、決断ができない、感情のコントロールがしにくい、などさまざまな症状があらわれます (菊澤 2016)。支援者は、家族介護者の抑うつ状態に気づいたら、早めに支援を得られるようにします。

　認知症の人の介護は、自分が思っている以上にストレスを伴うことが多くあることから、家族介護者がうまく気分転換をし、ストレス解消を心がけるように支援していくことが望ましいです。そのためにも早めに介護保険等のサービス利用を開始し、認知症の人の介護の負担を分散できるようにしていくことが望ましいでしょう。

【200×年＋3年、秋】

　SSさんの奥さんは、家族会を通じ情報を得て、介護保険のデイサービスを利用することにしました。元々SSさんは、対外的に複数の役をこなし、人づきあいも上手な方だったため、喜んでデイサービスに行ってくれました。カラオケなども上手で、皆に褒められることが多く、デイサービスの意味は分かっていないようでしたが、自宅に帰ってくると、「今日はうまくいった」などと上機嫌でした。奥さんが家で世話を焼いているときより、デイサービスに行ったほうがSSさんが明るい表情を見せるようになり、奥さんは嬉しい限りでした。そのことで奥さんの気持ちに余裕が生まれ、SSさんに以前より優しく接することができるようになり、編み物も始められました。

　また、SSさんが長年習っていた詩吟の仲間は、病気のSSさんを気遣ってくれ、好意的に接してくれました。行き帰りは奥さんが同行しましたが、教室の最中は何かとSSさんに声かけや誘導をしてくれました。そのことが奥さんにはありがたく、励ましになりました。

　そうは言っても、いつも順調というわけではありません。奥さんは、周りの人に愚痴めいたことを言うことはあまり好きではなかったので、その日あったことや自分の思いを毎日、日記に書いていました。それは介護の本から取り入れたことでしたが、書くことが自分の気持ちを発散させ、心の平静を保つ支えになっていました。

解説

　家族介護者は、認知症の人へ否定的な感情を抱きつつも、自分自身の感情をコントロールし、家族介護者としての役割を果たそうとします。

　家族介護者が自分をコントロールして役割を果たしていくためには

① ストレス解消
② 周囲からの肯定的評価や理解
③ 生活の張り・支え

の3つが重要とされています（鈴木 2006）。

　SSさんの奥さんの場合、① SSさんがデイサービスを利用することになり、昼間も自分の時間が持てるようになったこと、日記を書くことにより、ある程度自分のストレスを発散させることができたこと、② SSさんの詩吟の仲間の理解ある対応が得られていたこと、③ 編み物を

はじめることなどにより、生活に張りをもてたこと、などがプラスになりました。

　このように、家族介護者の支援では、介護者の健康度、ゆとり、サポート環境を把握し、家族介護者が一人で介護を抱え込まないよう、介護サービスの利用などを勧めていくこと、ストレス対処ができるよう支援していくこと、家族や親族など、周りからのサポートが得られるよう調整していくこと、家族介護者自身が生活の張りや支えを得られるように、環境調整していくことが必要です。

家族支援プログラムでは

　「混乱・怒り・拒絶・抑うつ」の時期にある家族介護者に対して、支援者は第3章3の「4.認知症の人と家族介護者の心は合わせ鏡」（p108）の内容などを活用し、家族介護者が怒りや拒否的な感情を抱き、それを認知症の人にぶつけると、認知症の人の症状や生活障害は悪化する危険性があること、それを予防あるいは軽減するためには、家族介護者が穏やかに接することが大切であることなどを理解できるよう支援します。

　また、第3章3の「5. 介護者の健康度、ゆとり、サポート環境を見直す」（p110）の内容などを活用し、家族介護者が自分の健康にも気を使えるように仕向けること、ゆとりをもてるよう、支援などを導入すること、そして、サポート環境を見直していくことを支援します。

　また、支援者は、家族支援プログラムの核にあたる第3章3から7までの認知行動療法を用いたさまざまな素材を、この時期に活用するとよいでしょう。認知症の進行に伴うさまざまな症状の出現や生活障害など、対応が難しく感じることへ家族介護者がどのように対応したら乗りこえやすいかについて、支援者は一緒に考えていきます。

　家族介護者が、認知症の人のさまざまな症状や生活障害についてうまく対応できるようになる時期が早ければ早いほど、家族介護者は、この「混乱・怒り・拒絶・抑うつ」の時期から早く抜け出せます。

3．あきらめ・割り切り・適応の時期

「あきらめ・割り切り・適応」の時期とは

　「あきらめ・割り切り・適応」の時期は、家族介護者が、「家族が認知症である」ことを受け止め、さまざまな症状や生活障害の出現について、あきらめの気持ちを持ったり、割り切ることができるようになったりして、適応していく時期です。「混乱・怒り・拒絶・抑うつ」の時期から移行し、家族は認知症の人を「元の状態に戻そう」などとは思わなくなります。

　この時期、認知症の人のさまざまな症状や生活障害について、家族介護者はある程度慣れて

きます。「認知症を治そう」などとはあまり考えなくなり、あきらめの気持ちを持つ人もいるでしょう。また、「家族が認知症になったのだから、やっていくしかない」と割り切りの気持ちを持てる人もいるでしょう。そして、家族介護者は、認知症の人が、認知症の症状や生活障害とともにあることを受け止め、適応していくようになります。

 【200×年+4年　秋ごろ】

　SSさんは、夕暮れになると、「妻がいない」とか、「家に帰らせてもらいます」とよく言うようになり、目の前にいる妻や自宅が分からない状態になりました。SSさんが出て行った後、行き先は駅方面と予測がつくので、奥さんは自転車に乗って追いかけていくため、SSさんが迷子になることはありませんでした。しかし、一度は、SSさんが本当に電車に乗ってしまい、行方がわからなくなってしまったことがありました。そのときは、到着先の駅ビルの食堂で、お店の人が警察に通報してくれ、無事に帰ることができました。この事件以来、デイサービスの利用回数を増やし、奥さんの負担を軽減することにしました。詩吟教室など対外的な活動は難しい状態になり、周りの人にも迷惑がかかると思い、止めることにしました。

 【200×年+5年　春ごろ】

　SSさんは次第にトイレも自分では難しくなり、介助が必要になりました。奥さんの介護なしにはどうにも生きていけないSSさんを前に、奥さんは「自分が最後まで夫を看ていかなければ、娘たちにも迷惑をかけてしまう。自分が倒れたら大変」という思いになり、デイサービスに加え、ショートステイも定期的に利用するようになりました。

解説

　認知症が中等度にすすむと、人や場所の認識があいまいになります。家族介護者の対応の影響もあり、認知症の人の不安や混乱は高まりがちで、行動・心理症状（BPSD）も増えがちになります。認知症の進行により、障害が重くなっていく認知症の人の姿を目の当たりにすると、家族介護者は無力感を感じ、「何とかしよう」と思わなくなり、関わろうとしなくなることがあります。

　家族介護者は、認知症の人とコミュニケーションをとることをあきらめ、認知症の人に対して、ある意味、放任的な態度をとることもあります。家族介護者が「割り切りすぎ」に見える介護をしてしまうときもあります。このような状態では、認知症の人は、家族介護者との関係が希薄になり、不安や孤立感を感じ、情緒的に不安定になりがちになります（諏訪ら 1996）。

　SSさんの奥さんは、SSさんが、目の前にいる奥さんのことが分からなくなることや、何度も駅の方向へ出かけてしまうことについて、無力感のような感情を抱きながらも、ある意味あきらめ、割り切るようになりました。そのため、自分が倒れないようにするためにも、デイサービスやショートステイを積極的に利用するようになったのでしょう。

　支援者は、この時期の家族介護者のそうならざるを得ない心情や背景を理解しながら、家族介護者が適切な介護を続けていけるように支援します。

【200×年＋5年、7月】

　SSさんが、例によって駅に一人で行ってしまったとき、奥さんはいつものように自転車で追いかけて行き、SSさんに偶然会ったように装って声をかけ、一緒に帰ろうとしました。SSさんが、足元の危ない道を歩こうとするため、奥さんは怒って無理に引っ張って、自宅に連れ帰りました。

　すると、帰宅後、SSさんは「いやー、さっき、ひどい女が自分を無理やり引っ張っていこうとしてひどい目にあったよ」と話しました。これには奥さんも笑ってしまいました。一方、似たような場面で、奥さんが嫌というほどお腹を蹴られたこともありました。温厚なSSさんが暴力をふるうのはよほどのことでしょう。

　※奥さんはあとで、「主人は、私のことを『自分に相当な危害を加える敵』と感じたのだろう」と振り返り、考え直しました。奥さんは、思わぬ失敗体験を通じて、「SSさんからすると、自分の対応をどのように感じたのか」と認知症の人の心情を推察し、自分の行動を考えるようになっていきました。

　一方、うまくいくこともありました。夕暮れどきに、SSさんは、奥さんが目の前にいるにもかかわらず、「奥さんがいない」と言い始めました。そこで、奥さんは、台所の勝手口から玄関に回り、ガラガラと玄関の戸を開けて、「ただいま」と明るい声で言ってみました。すると、SSさんは、「おー、帰ったか」とパッと安心した表情に変わったのです。奥さんは、この経験から、SSさんが不安で混乱しているときには、説明するよりも、SSさんに安心感を与えるような対応が大切だということを知りました。

解説

　家族介護者の多くは、食事や排せつ介助などの身の回りの世話や、待ったなしの行動・心理症状（BPSD）の対応に追われつつ、少しずつ、自分の対応と認知症の人の反応との関連を客観的に見ることができるようになります。「イライラして怒っても仕方ない」「余計なことは言わない」「自分が今後も看ていくしかない」と考えるようになります。こうして、家族介護者は、自分の気持ちに折り合いをつけながら、認知症の人の状態について、「あきらめ」「割り切り」「適応」ができるようになっていきます。ただ、家族介護者は、介護者役割だけで終わることへの葛藤を持つこともあります。そのことにより、停滞感や抑うつ感を抱くこともあります。また、認知症の人の行動・心理症状（BPSD）によって、家族介護者の気持ちも揺れます。
　SSさんの奥さんは、自分が怒ったり、余計なことを言うとSSさんは不安定になるばかりだ、と理解できるようになりました。自分の対応の仕方によって、もともと穏やかなSSさんが暴力的になることもあれば、安心感を持つこともあることが理解できるようになりました。
　支援者は、このように家族介護者が、自身の対応と認知症の人の行動・心理症状（BPSD）の関係などを理解し、より適切な認知症の人への関わり方のコツを習得していけるように支援していきます。

　認知症の人の家族介護者の心理状態や介護行動の変化についての研究によると、家族介護者の介護は、「常識的過程」から「あきらめの時期」を経て「共感的過程」に至るとされています。複数の研究で、「あきらめの時期」を経ないと次の「共感的過程」に進むことは難しいとされています（扇沢と黒川 2010；尾之内 2007）。
　家族介護者が「あきらめの時期」にあっても、自身の介護に肯定感を得られるようにするためには、家族介護者が、言葉のやりとりが難しくなっても、「認知症の人とつながっている」と感じることができるような、関係性の気づきが鍵になると言われています。この時期に家族介護者に芽生える、新たな関係性の気づきに焦点を当てることが、家族介護者が認知症の人の現在の姿をありのままに受け入れていくことにつながると言われています。

家族支援プログラムでは

「あきらめ・割り切り・適応」の時期にある家族介護者は、認知症は進行していくこと、認知症の人の介護を自分が一定程度していかなければならないことなどについて、あきらめを感じ、割り切った考えを持つようになります。このときに、認知症の人と家族介護者の心理的なつながりが希薄になることがあります。このようなとき、家族支援プログラムでは、支援者が第3章3の「3．つながりの再確認を行う」（p104）の内容などを活用し、家族介護者が認知症の人のありようについて振り返り、本人らしさが表れているところを再認識できるよう支援します。

家族介護者は、この「あきらめ・割り切り・適応」の時期を経て、はじめて次の「理解・受容」の時期に抜け出していきます。

4．理解・受容の時期

「理解・受容」の時期とは

「理解・受容」の時期とは、「あきらめ・割り切り・適応」の時期から移行し、家族介護者が認知症の人のさまざまな症状や生活障害を理解し、受け止め、共感的な態度で介護を行うことができるようになる時期です。

この時期、認知症の人は、人によって、進行の度合いによっては、コミュニケーションが成り立たなくなっているかもしれません。そして、生活全般に介護を必要とする状態かもしれません。

家族介護者は、「あきらめ・割り切り・適応」の時期を経ていますので、認知症の人のありようについて、理解し、受容します。そして、共感的な態度で認知症の人に接することができるようになります。

【200×年＋6年、9月ごろ】

SSさんの病気は確実にすすみ、要介護度は5になりました。パーキンソン病とも診断され、身体をスムーズに動かす調整機能が衰え、座ったり立ったりの動作をとることが難しくなりました。そうかと思うと、急にスイッチが入ったようにヒョイと立ってすたすた歩いたりするのです。

奥さんの力だけではSSさんをベッドに移乗できないので、SSさんはデイサービス

から帰ると、デイサービスの職員にそのままベッドまで連れて行ってもらい、朝までベッド上で過ごしました。朝はキャスター付きの椅子に乗ってもらい、朝食は食卓で摂っていました。だんだん言葉らしい言葉も話せなくなり、言葉のやりとりは難しくなりました。しかし、奥さんの作ったものをよく食べ、夜もよく寝てくれたので、デイサービスやショートステイを利用しながら、介護を続けることができました。

事例【200×年＋6年、12月】

SSさんが朝までよく寝ていたので、奥さんはSSさんを起こさないでいたところ、朝、オムツ内が大量の便で溢れている状態に気づきました。奥さんは、慌ててオムツ内をきれいにして、最後に蒸しタオルでお尻をきれいに拭いてあげました。奥さんは、排泄に関しては「いずれ自分がそのように人のお世話になるとしたら嫌だろうなあ」と思っていたため、苦にせず丁寧にお世話していた方でした。言葉もろくに出せなくなっていたSSさんが、その時、「あー、気持ちよかった」と言葉を発したのです。

これには、奥さんもびっくりし、同時に、嬉しい気持ちで一杯になりました。言葉を失いつつあったSSさんの心に、自分の行為がちゃんと届いていたことがわかったからです。奥さんは感激し、「介護していてよかった」という気持ちになりました。

解説

認知症の進行により、言葉のやりとりが難しくなっても、「笑顔が返ってくる」「気持ちが伝わっている」など、非言語レベル（顔や目の表情、仕草、声の調子など）のサインを読み取ることで、認知症の人の反応は感じとることができます。家族介護者はそのことに気づくことにより、認知症の人とのつながりを改めて実感します。これは、非言語レベルのサインを媒介に、

認知症の人との新たなコミュニケーションのあり方を体得し、認知症の人の反応を察して思いやる「共感的な介護過程」にあたり、家族介護者の心理的ステップでいう「理解・受容」の段階にあたります。

この「共感的な介護過程」に至っている家族の特徴は、

> ① 家族介護者が認知症の人との関係性に気がついている。
> ② 家族介護者は内省的思考を行っている（自分の対応がどのように相手に感じられたのかを読み取り、自分の対応を振り返っている）。
> ③ 家族介護者は、非言語的コミュニケーションを再発見している。
> ④ 家族介護者は、情緒的、配慮的介護を行っている。

とされています（諏訪ら 1996）。

SSさんの奥さんもSSさんの非言語レベルのサインを読み取り、SSさんの反応を察して思いやる段階に至ったということになります。

支援者は家族介護者が上記のようなポイントに沿えるように、非言語的コミュニケーションの理解をすすめ、家族介護者が情緒的な配慮のある介護を行えるよう支援していきます。

 【200×年＋7年、1月】

　お正月、娘たち夫婦や孫も集まり、SSさんと一緒に過ごしました。昔から、夕食は娘2人の夫とSSさんの男同士3人で、お酒を酌み交わしながらゆったりした時間を楽しんでいました。SSさんは、お酒の味も分からないような状態でしたが、例年のように3人の席に参加し、お酒も少し飲みました。SSさんは、お酒を酌み交わしながら満足気な表情を見せ、会話はできませんでしたが、時折、あいづちのような言葉を発し、その空気感は昔と全く同じでした。SSさんの奥さんは、認知症になっても「変わらない夫がそこにいる」と感じたことで、過去と現在のSSさんが重なりました。その場にいた娘さんも、同じように感じることができ、気持ちが和らぎました。奥さんは、こうした穏やかな表情を見せるSSさんと家族の光景を前に、SSさんが心地よく、幸せを感じて暮らせるよう、最後まで看ていきたいと感じていました。

解説

　家族介護者が心理的ステップを移行し、認知症の人を受け入れていく「受容」の時期にまで至るには、「つながりの再確認」が重要であるとされています（鈴木 2006；宮上 2004）。「つながりの再確認」とは、家族介護者が認知症になった高齢者の人生に思いを寄せ、認知症の人をそれまでの人生のある「一人の人間」としてとらえ直し、以前とは異なっても、過去のその人らしさが現在につながっていると、感覚的、共感的に認められるようになることです（鈴木 2006）。

　SS さんの家族も SS さんの人生に思いを寄せ、過去の SS さんらしさを感じ、それが現在につながっていると感じることができました。それにより、共感的になり、今の SS さんをありのままに受け止めることができたのでしょう。

　支援者は、家族介護者が認知症の人の人生を振り返り、過去の認知症の人と現在のその人とのつながりの再確認や、認知症の人と家族介護者の関係性の質的変化についての気づきを促すような支援をしていくことが大切です。

家族支援プログラムでは

　「理解・受容」の時期にある家族介護者は、認知症の人のさまざまな症状や生活障害を理解し、受け止め、共感的な態度で介護を行うようになっています。

　家族支援プログラムは、家族介護者がこの時期にできるだけ早くたどりつくよう、支援するためのものです。支援者は家族支援プログラム全体を活用し、家族介護者が「とまどい・否定」の時期、「混乱・怒り・拒絶・抑うつ」の時期、「あきらめ・割り切り・適応」の時期の 3 つの心理的ステップを経て、「理解・受容」の時期にたどりつくことを支援します。それぞれのステップに要する時間は認知症の進行にもより、家族ごとに異なります。しかし、家族介護者が「とまどい・否定」の時期、「混乱・怒り・拒絶・抑うつ」の時期にとどまったままでいると、認知症の人もなかなか穏やかな生活をすることができません。家族介護者が「あきらめ・割り切り・適応」の時期を経て、早く「理解・受容」の時期に入れば、認知症の人も穏やかに生活できるようになります。

　家族介護者が認知症の人のさまざまな症状や生活障害を理解し、受け止め、共感的な態度で介護を行うことができるようになることにより、認知症の人は、家族との生活を安定して送ることができるようになります。

第 2 章

認知行動療法を用いた家族支援の実際

　本章では、認知行動療法を用いた家族支援の実際を示します。
　認知症の人は、認知症が進行するにつれ、家族の支援や専門家の支援を必要とするようになります。認知症の人がうまく専門家の支援を受け始めても、地域で在宅生活を続けていく場合には、その支援のかなりの部分を家族が担うことに変わりはありません。また、認知症の人の中には、専門家の支援を強く拒否する人もいます。認知症の人が専門家の支援を拒否すればするほど、その方の在宅生活を支援する負担は、家族に重くのしかかることになります。
　このようなことから、認知症の人のニーズとは別に、認知症の人の家族も支援を必要としています。どのような家族支援が効果的であるかを調査した研究からは、認知行動療法を用いた家族支援が効果的であることが明らかにされています。
　そこで、本章では、認知症の人の家族に対する、主に認知行動療法を用いた支援の実際を示します。事例ごとに、支援のポイントを示していきます。そして、第3章に収載されている、家族支援プログラムの展開方法とそこで用いるワークシートの活用方法も合わせて示していきます。

認知行動療法とは

　認知行動療法は、行動理論に基づく行動療法と、認知理論に基づく認知療法という、異なる開発経緯を辿った2つのものを組み合わせたものです。アーロン・ベックが開発したうつ病の患者さんへの精神療法を1つの源流とし、世界的に普及してきたものです。現在では、精神医療の領域だけではなく、保健、福祉、教育、司法、労働、さらにはビジネスなど幅広い分野で、さまざまな名称のもと活用されています(Beck 2011)。精神療法の中では、洞察療法と比較して、比較的短期で用いられること、過去ではなく現在に焦点を当てること、目的を限定・特定することが特徴であると説明されています(Barker 2014 p77)。認知行動療法では、何に焦点を当てて働きかけを行い、その結果、支援を受けている人の何が変わるのかを考えていきます。思考(考え)、感情(気持ち)、行動(言動)の関係を理解することが、認知行動療法を活用する基礎となります。まずは、認知行動療法の仕組みを理解しましょう。そして、実際の事例で、認知行動療法の最も基本である、認知(思考、考え)に働きかけることを通して、感情(気持ち)を変えていく方法を見ていきます。ここでは、事例を通して、気持ちを楽にしてもらいたい場合に、認知行動療法では、どのように家族介護者に働きかけをしていくか考えていきます。

　認知行動療法とは、「ある問題に対し、その人がどのように考えるかが、それに対してどのように感じるかや行動するかに強い影響を及ぼす」という理論を前提にした、人々への支援の方法です。図2-1のように「肯定的な考え方をすると、前向きな気持ちが出てきて、積極的な行動がとれ、逆に、ものごとの悪い面に注目する否定的な考え方をすると、たいていは嫌な気持ちになり、行動も消極的になる」という事実をもとに、「考え方(捉え方)」を変える支援をします。つまり「問題に対する考え方(思考)」は「感情」とその後の「行動」に強い影響を及ぼすということです。そこで問題に対する考え方が現実的にどうなのか(適応的な考え方か否か)をよく吟味して、適応的な思考ができるように支援します。適応的な思考が、よりよい感情をもたらし、より適応的な行動へと結びついていきます。

図2-1 「考え（思考）」「感情」「行動」の関係

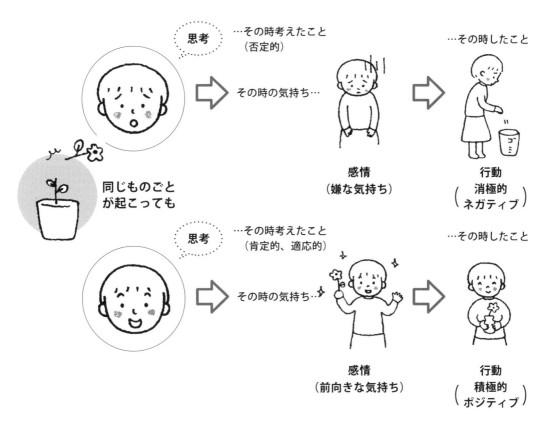

事例1　自分の帰りが遅いと不安を感じ、小言を言い続けてしまう認知症の母親を介護する娘への支援

　Aさん（85歳、女性）は、長年、会社員の夫と一人娘を専業主婦として懸命に世話してきました。夫は会社を退職後数年して亡くなり、その後、キャリアウーマンとして働いてきた一人娘と二人暮らしをしています。

　娘さんは地方で暮らしていた母親が認知症となり、認知症が進行してきたのが心配で母親を地方から呼び寄せ、二人暮らしをはじめました。娘さんはそれまで一人でキャリアウーマンとして独身生活を謳歌してきましたが、認知症の母親との二人暮らしで生活は一変しました。

　仕事を終えるとできるだけ早く帰宅し、二人分の食事を作り、食事をします。遅くなることが予測されるときには、朝、母親の分の食事を用意してから出かけます。ところが、Aさんは、娘さんが夜遅くに帰ると、小言ばかり言い続けます。以前からの親子関係もあり、娘さんは、そのようなAさんに言い返すことをしません。黙って耐えてしまうのです。かろうじて取っている対応は、早めに自室にこもってしまう、というようなことです。そのような日が続き、娘さんは毎日家に帰るのがゆううつになってしまいました。

　娘さんは支援者に「うちの母は、私が仕事でたまに遅くなることについて、小言ば

かり言い続けます。たまに仕事で遅くなることがなぜがまんできないのか。理解できません。あまりに小言がひどくて、私は黙り込んでしまうのですが、どんどんストレスがたまります。最近は落ち込んでしまって、夜もよく眠れません」と訴えました。娘さんに今の気持ちを尋ねると、「沈んだ気持ちと悲しい気持ちでいっぱいです」とのことでした。

解説

　認知症になって都会で娘と二人暮らしをはじめたＡさんは、近くに知り合いがあまりいません。それでも昼間は何とか自宅で生活を続けていました。また、娘さんが唯一頼りになる肉親なので、娘さんの帰りが遅いと不安が募ります。娘さんが夜遅くであっても帰宅してくれるとほっとします。不安が解消されると今度は、娘さんに気持ちをぶつけてしまい、仕事を終えて疲れきっている娘さんに対して、小言を繰り返してしまうのでしょう。

　仕事と母親の世話で精一杯の娘さんにとって、このような状態はとてもつらいものです。小言が続くと、母親を避けたくもなります。しかし、認知症になり、不安が強くなっている母親を避けたくなる自分を振り返るとひどく落ち込んでしまったりもします。

　支援者は、認知症の人の家族介護者がさまざまなことに振り回され、気持ちを揺さぶられることについて、まずは傾聴し、共感します。自分が相手の立場だったらどんな気持ちになるのかを想像し、感じるようにします。

　その上で、同じような状態が繰り返されていたり、落ち込みなどの感情が強い人に対しては、認知行動療法による支援を取り入れてみましょう。

事例１のその後の支援と変化

　支援者は娘さんの仕事が休みの日にご自宅に伺い、じっくりと話を聞きました。娘さんは話をする途中で涙ぐむ様子なども見られましたが、次第に落ち着いてきました。その間も、Ａさんは近くできょとんとした顔で二人のやりとりを聞いています。ときどき、「そうね、だから、あなたは人づき合いが下手なのよね」などと、かみ合わない合いの手を入れてきます。娘さんは、Ａさんのお気に入りのテレビ番組がはじまった頃合いをみはからってテレビのスイッチを入れました。Ａさんはテレビに見入っています。

支援者：なるほど。〇〇さん（娘さん）はそのように、黙り込んでしまい、部屋に入ってしまって、ひどく落ち込むことがあるのですね。それは、① いつ、どのような場面で起こりましたか。

娘さん：そうですね。仕事で遅くなることがわかった日は、朝からずっと小言が続きますが、朝は母の夕飯の支度をして出かけてしまいます。しかし、夜遅くに帰ってから母にずっと小言を言われ続けた際にそのような状態になりました。

支援者：そうでしたか。お仕事で疲れているのに、お母さんからそのような小言が続くと追

い込まれた気持ちになりますね。そうしたお母さんからの小言が続いたとき、○○さん（娘さん）には② どのような考え（思考）が頭に浮かびましたか？ 特に、パッと浮かんだことを教えてください。

娘さん：うーん、そうですね、「なんで週1日くらい夜遅く帰宅するのががまんできないの？」と「もう無理」の2つですかね。

支援者：お母さんにこのくらい理解してもらいたいですし、いつも同じようなことの繰り返しだと、今後、同じような生活を続けていくことを考えるのが難しい気持ちになりますね。

そのとき、③ どのような気持ち（感情）になりましたか？ 複数の気持ちでもいいので教えてください。

娘さん：そうですね、絶望的な気持ちと投げ出したくなるような気持ちですかね。

支援者：お母さんがあなたの帰宅が遅いことについて激しい反応を繰り返すので、先が見えない感じがするのですね。それと、この状態から抜け出したいような気持があるのですね。

それぞれの ④ 気持ち（感情）の程度を教えてください。そのときの気持ち（感情）の程度について ④ 1から10の10段階で表現してみてください。

娘さん：えーと、そうですね、絶望的な気持ちが8、投げ出したくなるような気持ちが6ですね。

支援者：そうですか。それぞれ強い気持ちだったのですね。それはしんどいですよね。そのとき、○○さん（娘さん）は ⑤ どのような行動（言動：行為のみならず、コミュニケーションも含む）をとりましたか？

娘さん：あー、私の場合は黙ってしまって、早めに自分の部屋にこもってしまうのです。ひどいときはお風呂にも入らず、顔を洗って、メイクを落としたらすぐに部屋に入ってしまいます。それだと母の気持ちが落ち着かずさらによくないように思うのですが…。そうした後に自ら落ち込んでしまうのです。

支援者：なるほど。黙ってしまって、自室にこもるような感じなのですね。お母さんからの小言をかろうじて避けているような感じになっているのですね。

先週から思考、感情、行動の関係について説明をはじめていますが、⑥ ○○さん（娘さん）の考え（思考）が、○○さんの気持ち（感情）や行動（言動）にどのような影響を与えているか、考えてみませんか。悪いパターンにはまっていないか考えてみましょう。いかがですか。

娘さん：そうですね。私が「なんでこれくらい理解してくれないの」と思ったり、「もう無理」と思ったりするせいで、私はさらに絶望的になり、落ち込んでいるようです。その上、後で猛烈に後悔して、さらに落ち込みを深めてしまいます。母も、私がそのような対応をしてしまう結果、より寂しく、不安定な気持ちになっていると思います。

支援者：そのような面があるようですね。それでは、そのようなパターンから抜け出すために、同じようなことが起こった場面で、○○さん（娘さん）が ⑦ 別の考え方（思考）ができるようにお手伝いしていきたいです。お母さんの状態は、認知症という病気が主な原因になっているように思います。そうすると、お母さんに言い聞かせて小言をやめてもらうといったことはあまり期待ができそうにありませんね。かといって、○

　　　　○さん（娘さん）は、お母さんと離れて暮らしたい、とか、お母さんにどこかへ行ってほしい、などとは思っておられませんよね。もう少し ⑦ 適応的な考え方（思考）をしたほうがよさそうですね。どのように考えるようにしていきましょうか。
娘さん：そうですよね。「母は病気で不安だから、私が夜遅くなることを嫌がるのだ」つまり、「病気だから仕方がない」「不安なんだ」と考えるようにします。そして、自分の生活については無理だと決めつけず、「なかなかよくやっている」と考えるようにします。
支援者：そうですね。それはとてもよいですね。そのように考えを変えてみると、⑧ 気持ち（感情）はどのように変わりますか。
娘さん：少し楽になりました。絶望的な気持ちはほとんど消えて、もう無理だという気持ちではなく、「まだまだ何とかやれそう」な前向きな気持ちになってきました。母に対して、不安がらせないよう守っていかなくては、というような気持ちが出てきました。
支援者：そうですか。それは良かったです。同じようなエピソードが今後生じたときに、前向きに考えて、今のような気持ちが出てくるといいですね。それでは、今後はどのように ⑨ お母さんへ声かけ（行動）ができそうでしょうか。
娘さん：母に対しては、不安がらせないような言葉かけをするのが何よりのようなので、「大丈夫、もうすぐ帰るからね」と伝えていきたいです。

ポイント解説

　ここでは、娘さんの気持ちの落ち込みが心配です。娘さんの気持ちの落ち込みに対応するために、認知行動療法を活用して支援者がやりとりをしました。以下にそのポイントをあげていきます。ここで主に用いているのは、認知行動療法の核となる、認知に働きかける方法です。娘さんの思考（考え）に焦点を当て、変化をもたらせようとしています。

ポイント①　いつ、どのような場面で
　否定的な感情をもたらしたエピソードが起こった場面を尋ねます。いつ、どのような場面でエピソードが起こったかを尋ねて、明らかにします。

ポイント②　考え（思考）の確認

否定的な感情をもたらしたエピソードが起こった場面で、娘さんの頭の中で、どのような考え（思考）が自動的に浮かんできたかを確認します。エピソードが起こった直後、自動的に浮かんできた考えを出してもらうことが大切です。熟考の上、より正しい考えを導き出してもらう、というのではありません。

ポイント③、④　気持ち（感情）の確認と、それぞれの感情の程度の確認

エピソードが起こったときに頭に浮かんだ考え（思考）を教えてもらった後、そのときに娘さんの中で生じた感情を振り返ってもらいます。感情は複数あることもあります。感情を言語化することがとても大切なので、言語化が難しい人には、適宜、手助けをしていきます。その後、それぞれの感情の程度を尋ねます。1から10の段階の中の数字を尋ねるなど、スケールを示して尋ねると、多くの人が答えてくれます。この否定的な感情の程度が、この後の支援によって、よりよい状態（ましな状態）になることを目指していきます。

ポイント⑤　行動（言動：行為のみならず、コミュニケーションも含む）の確認

エピソードが起こったときに、娘さんがとった行動（言動）を尋ねます。この行動という言葉には、行為のみならず、コミュニケーションも含めます。娘さんが何を言ったか、どのように言ったかを尋ねるとよいのです。

ポイント⑥　思考、感情、行動の関係を振り返り、確認

エピソードが起こったとき、娘さんの自動的に浮かぶ思考、つまり、自動思考が感情にどのように影響し、その結果、娘さんの行動がどのようなものになったのかを振り返ります。この自動思考が極端であればあるほど、思考、感情、行動の関係が常に否定的なものとなり、本人にとってもつらいパターンになってしまっていることがあります。

ポイント⑦　適応的な考え方（思考）へ変える支援

ポイント②で、エピソードが生じたときに娘さんの頭に浮かぶ考え（思考）を確認しました。認知行動療法では最終的に感情を変化させたいとき、考え（思考）を変えていくことを支援します。自動思考が適応的でなくて、否定的であったり、極端であると、感情や考えも否定的なものになってしまうからです。

自動思考が、白黒（all or nothing）思考であったり、一般化しすぎていたり、結論へ飛躍しすぎていたり、拡大解釈あるいは過少評価していたり、すべき思考にとらわれていたりすることがあります。これらは、「認知のゆがみ」と説明されます（大野、2009）。そのようなとき、それを、より適切な方向へ変えるよう支援します。

多くの場合、考える（思考する）ときにグレーゾーン（どちらでもOKな領域、決めつけが少なく、あいまいさを残した考え）を広く持てるように支援したほうがより適応的な思考に変えていけるようです。

ポイント⑧　気持ち（感情）の変化の確認

考え（思考）を変えることにより、それに伴う気持ち（感情）が変わってきます。娘さんに、

考え（思考）が変わった後、どのように気持ち（感情）が変化したかを尋ねます。このとき、より肯定的な気持ち（感情）が出てきたり、また、以前の気持ち（感情）の程度が弱まったことを確認することが大切です。

ポイント⑨　行動（言動）の変化の確認

考え（思考）を変えることにより、それに伴う気持ち（感情）が変わり、そして、行動（言動：行為のみならず、コミュニケーションも含む）が変わります。そのような変化が生じたかを尋ねます。この部分については、支援者の次回以降の支援で確認することも多くあるでしょう。

まとめ

認知行動療法とはどのような理論をもとにした技法なのかを見てきました。思考（考え）、感情（気持ち）、行動（言動）の関係を理解することが、認知行動療法の基盤となることが理解いただけたかと思います。

また、実際の事例で、認知行動療法の最も基本である、認知（思考、考え）に働きかけることを通して、感情（気持ち）を変えていく方法を示しました。認知症の人の家族介護者が、悩み、落ち込んでいるとき、あるいは、怒りの感情がおさえられないようなとき、支援者は、家族介護者の感情（気持ち）を楽にしたいと思います。このように、気持ちを楽にしてもらいたい場合、認知行動療法では、どのように家族介護者に働きかけていくのかを実際の流れでみていただきました。こうした、認知（思考、考え）に働きかけることを通して、家族介護者の感情（気持ち）を変え、行動（言動）を変えていくかかわりが、本書の家族支援プログラムのベースとなります。

今すぐ使える　家族支援プログラム

家族支援プログラムの展開においては、第2回の支援の中で「認知行動療法の基礎的な考え方」についての情報提供をします。具体的には第3章4「2．認知行動療法をベースに支援する」（p114）を家族介護者に読んでいただき、基礎的な考え方を理解してもらいます。

その上で訪問支援や電話支援の合間の日々の具体的なエピソードを「モニタリングシート」で記録してもらいます。特に、自分の感情が大きく揺さぶられるようなエピソードを中心に記録してもらいます。そして、訪問支援や電話支援の際に、記録をもとに振り返り、どのようにしていけばよいかを一緒に考えていきます。

特に、家族介護者の気持ち（感情）が課題の場合には、本節のように、家族介護者の認知（思考、考え）に焦点を当て、より適応的な思考へ変化していけるよう支援していきます。

2

「考え方」が変わると「感情」や「行動」も変わる

～ 家族介護者の「考え」―「感情」―「行動」の関係性を振り返る、自己モニタリングの支援 ～

　家族介護者支援において、家族介護者自身の感情（気持ち）を変えるための支援はとても大切です。そこで、ここでは、第2章1に引き続き、否定的な感情を変化させる支援を取り上げます。ここでは、否定的な感情の代表である「怒り」に焦点を当て、認知行動療法を取り入れた家族支援の実際を示します。家族介護者に怒りの感情が出てしまい、それがストレスとなっているとき、どのように支援をしていくことができるかについて考えていきましょう。

事例2

食べ物を目にするとすぐ口に入れてしまう妻と、思わず叱ってしまう夫への支援

　前頭側頭型認知症のBさん（65歳、女性）は、失語症で言葉は出ませんが、周りで話していることはある程度理解できます。4年前に病気が分かりましたが、ご主人は、それまで苦労をかけた奥さんを、自分の手でなるべく長く看てあげたいと思い、仕事をしながら、家事と介護など生活全般の世話をしています。ご主人は、Bさんがやれていることはなるべく続けてもらいたいと思い、朝食づくりや食事の後片づけなど、ご主人がやり直しをせざるを得ないようなことがあっても、Bさんに続けさせていました。朝は、2人で近くの公園に散歩に行きます。そんなご主人を、Bさんは愛情のこもった眼差しでみています。

　ただ、最近Bさんは、食べ物を見ると、床に落ちていても口にしたり、フライを揚げる前なのに食べてしまったりするようになりました。また、食べ物を口に入れ、飲み込まないうちに、次の食べ物を口に入れてしまうため、のどに詰まりそうになり、ご主人がそのたびに叱ってしまうような状況もみられてきました。

　先日も、ご主人が夕食の支度をしている最中に、Bさんは待ちきれず台所に来て、できた物から食べようとしました。

ご主人：「一緒に食べるから、もうちょっと待って」
Bさん：止めずにできたものを食べてしまう。
ご主人：「いい加減にしろ（怒）！　待てと言っているだろう！」

こんな様子なので、支援者が訪ねていくと、ご主人は「いくら言っても分からないので、頭にきて、こっちが怒鳴ってしまいました」「毎食がこんな調子でストレスです」と残念そうに訴えます。

解説

家族介護者の怒りとストレスに焦点を当てた支援

　ご主人を信頼し、言葉を失ってもご主人の言うことには素直だったBさんが、食べ物に対しては、我慢がきかなくなってきました。ご主人は、この状況にストレスを感じるようになってきています。ここで、ご主人の「考え―感情―行動」の関係をみてみましょう（表2－1）。

表2－1　考え―感情―行動の関係をみる

	内　　容
考え	夕食の支度の最中で（一緒に食べようと思っているのに）Bさんは待てない。なんでいくら言っても分からないんだ。
感情	頭にきた。腹立たしい。
行動	「いい加減にしろ！」「待てと言っているだろう！」と怒鳴ってしまった。

　ご主人にとって大きなストレスになっている、食事の支度の際の「頭にきて怒鳴ってしまう」という不快な「感情」と「行動」のもと（引き金）になっているのは、ご主人の「考え」であると分かりました。このように、その人の頭に浮かんだ「考え方」がその人の「感情」や「行動」に影響を与えていることから編み出された支援法が認知行動療法です。
　認知行動療法では、前述しているように、「ある問題に対して、否定的な考え方をすると、不快な感情が出てきて、ネガティブな行動をしてしまう」という見方をします。そこで、もとになっている「考え方」を変えることにより、不快な感情や、ネガティブな行動を改善していくようにします。
　具体的な働きかけ方は、次ページの「その後の支援と変化」で解説します。

事例2のその後の支援と変化

　ご主人は、Bさんの毎月1回の診察時に主治医に日々の生活での困りごとも相談することや、デイサービスのスタッフや担当ケアマネジャー（支援者）に相談することを大切にしていました。

　主治医は、Bさんの認知症の進行状態では人間の本能の部分が前面に出ているため、食べ物を待ちきれないことは致し方ないこと、また、口に詰めてしまうような食べ方も同様で、本人の行動を正すのはほぼ無理で、介護の方法の工夫が必要であると指摘しました。

　① 支援者は、「考え方」を変えることによって、Bさんの行動の受け取り方、行動が生じたときの気持ち、そして、ご主人の行動（怒鳴りつけてしまう）がよい方向へ変わるのではないかと考え、アドバイスしました。

　ご主人は、主治医の説明や支援者のアドバイスに納得し、「Bさんは、食事どきに食べ物を見たら、待つことができないのが当たり前の状態なのだ」「デイサービスから帰ったら、すぐ食事ができるよう準備をしておくようにして、お互いのストレスをなくそう」と、自分の考え方を変えて対応してみることにしました。また、デイサービスでの食事の仕方（②ご飯やおかずを小分けにして、皿に盛ったものから食べてもらう方法）を参考に、食事を用意するようにしました。そして、Bさんがデイサービスから帰ったら、とりあえずBさん一人で食事を食べてもらうようにしました。③Bさんは帰宅後すぐに食事を食べ、ご主人は後で、一人ゆっくりと食べることにしたのです。すると、ご主人はお酒を楽しむ余裕ができ、ストレスが減りました。その結果、以前のように、頭にきて怒鳴ることや、食事の時間帯をストレスに思うことがなくなりました。

ポイント解説

ポイント①　認知症の人の行動を変えることが困難でも、家族介護者の認知（見方、とらえ方、考え方）を変えることで怒りがおさまり、ストレスが軽減することがある

　認知症の人は、認知症が進行していくことや、それに伴い理解や対応が難しいBPSD（認知症の行動・心理症状）が出現することも多く、他の疾患の介護に比べて、家族介護者の心理的負担感が高いです（大西ら 2003）。支援者は、家族介護者が認知症の特性を理解できるようにすることと、目の前の認知症の人の「困った言動」について、家族介護者がどのようにとらえたら（考えたら）よいかを確認し、「見方」「とらえ方」「考え方」を変える支援をすることが大切です。「見方」「とらえ方」「考え方」が変わることにより、家族介護者の「気持ち」が変わり、介護という「行動」の仕方も変わる可能性が広がります。認知症の人に合わせた介護になる可能性が高くなるのです。

　この事例においても、Bさんのご主人へのアドバイスとして、Bさんの行動を変えようとするよりも、ご主人の認知（見方、とらえ方、考え方）を変えることを提案したのです。「病気なのだから仕方がない」「食事の仕方は状況に応じて柔軟に変えていけばいい（一緒に食事をとるのがベストと決めつける必要はない）」とご主人は、Bさんの行動のとらえ方や、食事に対する考えを変えることができたのです。

ポイント②、③　生活の仕方も認知症の進行に従い柔軟に変えていく

　この事例において、もう一つのポイントは、食事の仕方です。社会の中で、一般的な考え方として、「同じ屋根の下で生活している者は、できるだけ一緒にテーブルについて食事をするべき」という考え方があるでしょう。また、家庭での食事は、はじめからその日のメニューを全てテーブルに乗せて始めるのが一般的でしょう。このような考えに強くとらわれていると、認知症の人の支援ではよりストレスを抱えることが多くなるかもしれません。これらの「食事の仕方」についての考えは、「常識」に近いものなので、人々は「このようにすべき」という「すべき思考」にとらわれがちです。

　このようなとき、支援者は、家族介護者が、認知症の進行に伴って、柔軟に食事の準備、食事の仕方、食事のスタイルなどを変えていけるように支援していくとよいでしょう。

　Bさんのご主人の場合、デイサービスで、食事を1品ずつ、目の前に提供していく方法を観察して、「そのやり方を我が家でも取り入れよう」と考えることができました。また、「家族はテーブルに一緒に座って食事をスタートさせるべき」という考え方をやめ、「まずはBさんの食事」「次に自分の食事」と2段階に分けて食事をする考えを肯定的に受け止めることができました。このように、食事の仕方を柔軟に変えることによって、二人の生活がより平穏で、安定的なものとなったのです。

まとめ

　家族介護者が、認知症の人の行動を受け入れ難く感じてしまい、否定的な感情の代表である「怒り」を感じることがあります。怒りの感情は強いもので、そのような感情を感じることそ

のものが家族介護者には強いストレスになります。

　家族介護者の感情を変えようとするとき、認知行動療法を取り入れた家族支援では、家族介護者の認知（見方、とらえ方、考え方）に焦点を当て、それを変えられるよう支援します。Bさんの事例でも、そのような支援をすることによって、家族介護者であるご主人が認知を変えることができ、その結果、ご主人が暖かい気持ちを持ち続けられるようになり、より肯定的な気持ちで介護を続けることができるようになりました。肯定的な気持ち（感情）を持つことができることにより、介護の仕方にもよい影響があらわれるようになっていきました。

今すぐ使える　家族支援プログラム

　家族支援プログラムの展開では、第2回の支援の中で「認知行動療法の基礎的な考え方」の情報提供をします。第3章4「2．認知行動療法をベースに支援する」（p114）を家族介護者に読んでいただき、基礎的な考え方を理解してもらいます。

　家族介護者の気持ち（感情）やストレスが課題の場合には、家族介護者の認知（見方、とらえ方、考え方）に焦点を当て、より適応的な認知（見方、とらえ方、考え方）へ変化していけるよう支援していきましょう。

3 介護肯定感が困難を乗り越える力に

　認知症は進行していく病であり、認知症の人は徐々に自分でできることが少なくなります。そのため、同居する家族は介護せざるを得なくなり、家族介護者に介護の負担が生じることは間違いありません。しかし、介護に対してどのような感情を抱くかには個人差が大きいようです。介護は負担を伴うものであり、否定的な感情をもたらすことが多くある一方で、（1）楽しさ、（2）達成感や充実感、（3）人生の意味づけ、など、肯定的な感情をもたらしてくれる面もあります。

　家族介護者がそのような肯定的な感情を持つことができ、大切にできるのであれば、それを家族介護者の持つ「ストレングス」とみて、支援していくことも大切です。介護への肯定的感情について考えてみましょう。

事例 3　日常生活上の動作はできなくなっても、家族への思いやりや気遣いを示してくれる認知症の母親を介護する次女への支援

　Cさん（75歳、女性）は、地方都市でご主人と長年二人暮らしをしてきました。娘が2人いましたがそれぞれ都会で別に家庭をもって生活をしていました。5年ほど前から、Cさんに認知症の症状が出始めたので、体の弱いご主人が、Cさんの世話をしてきました。しかし、あるときご主人が心臓発作で倒れ、帰らぬ人となってしまいました。Cさんの認知症のため、周囲は異変に気づくのが遅れました。Cさんはご主人が亡くなる前後1週間くらい、飲まず食わずの状態だったようです。

　娘さんたちは、自分たちが早くその状況に気づけなかった後悔の念にさいなまれ、父親に対して申し訳ない気持ちでいっぱいになりました。そして、昔はしっかりしていたCさんの変貌ぶりにショックを受けました。Cさんは到底一人で生活できるような状態ではありません。

　家庭の条件もあり、とりあえず、次女がCさんを自宅に引き取ることになりました。次女は、「自分が幼少期、学校に馴染めないでいたところを、母（Cさん）に助けてもらい、今の自分がある」という思いが心の奥にありました。その気持ちが強いこともありCさんを放っておけず、自分が引き取ろうと決心したのです。一方、次女は、今までと一変するこれからの生活や、介護の負担の重さが予想できず、大きな不安を抱えていました。複雑な心境を抱えながら、表面的にはCさんには暗い顔を見せないよ

う気をつけながら、同居生活をはじめました。

解説

「介護に対する否定的な感情と肯定的な感情の理解」

　認知症の人の家族介護者が抱く感情には、介護に対する不安や負担感などの否定的な側面と、介護できることに満足感を感じるなどの肯定的な側面の両側面が混在しています（広瀬 2010）。

　次女には、突然母親を引き取り介護することになった負担感（否定的な側面の感情）はありますが、自分が過去に支えてもらったことへの恩義から、自分が今、介護できることに満足感を感じる肯定的な感情もありました。つまり、肯定・否定の両側面が混在している状態です。

　支援者は往々にして、介護負担感などの否定的な側面ばかりに着目し、「負担軽減のためには、介護保険などのサービス利用が先決」と考えがちです。そのため、家族介護者が大変な中でも前向きに、肯定的に状況をとらえ、介護をすることに価値や満足感を見出していること（家族介護者のストレングス（強み））に目が向かないことがあります。そこから家族介護者の気持ちと支援者の支援内容や方向性にミスマッチやずれが生じてしまうこともあります。

　家族介護者が自分の精神的健康を保ちながら介護を継続するためには、ある程度介護に「価値」を見出していることが必要です。そこで支援者は、介護に肯定的な意味付けができるように支援します。また、家族介護者が介護に肯定的な評価や感情を持つことは、家族介護者が心身ともに追いつめられているという「限界感」の軽減に有効と言われています（櫻井 1999）。そこで、支援者は、介護の否定的側面だけでなく、家族介護者の介護に対する肯定的な評価や感情を、家族介護者の持つ内的資源やストレングス（強み）としてとらえ、意識的に強めていきます。

事例3のその後の支援と変化

　次女宅に同居することになったCさんは、最初は環境の変化に馴染めず、混乱が見られました。次女も、Cさんの状態には驚きの連続でした。例えば、Cさんは、お風呂にどう入ればよいかわからず、洋服のまま入ろうとしました。トイレの場所、玄関などは何回教えても覚えられません。また、次女の夫を「校長先生」と思いこみ、話しかけます。自分がどこにいるのかわからなくなることもありました。

　次女は、仕事をしていて、週2回、夜遅くなるため、担当ケアマネジャー（支援者）に相談して、夜間の介護も頼めるデイサービスを利用しはじめました。自分が遅くなる夜は、Cさんを夫に迎えてもらう体制をとりました。

　次女は仕事が忙しくなると、心の余裕がなくなりました。あるとき、病院への道すがら、Cさんはいつものように「病院で何するの？」という質問を何回も繰り返しました。これに対し、次女は、「静かに！」「行ってみなければ分からないよ」「もういいの！」と、思わずストレスを発散させるように言ってしまいました。すると、Cさんは黙ってしまい、ボーっとした無表情になってしまいました。次女は思わず、「失敗してしまった！」と後悔し、自分を責めました。

　自宅に戻っても次女は気持ちがすっきりせず、「今日は疲れたから寝るね」と寝たふりをしていました。すると、Cさんは「大変ね」と言ってくれたのです。何気ないその一言は、以前、次女を支えてくれていた頃のしっかりしたCさんを思わせるものでした。その言葉や口調が心に染みて、「昔、母が自分にしてくれたように、今は私が母を大切にする。それが私と母の幸せなのだ」と思えました。

　支援者はCさんの担当となった後、Cさんの次女の相談に乗ってきました。そして、これまで遠くで生活していたCさんと娘さんの突然の同居生活は、Cさんにとっても、次女にとっても大変であると理解していました。しかし、支援者は、次女がたびたび①「私が母を守ってあげないと」、「私は母に恩があるんです」、「今度は私が母のお世話をする番です」などと話すのを聞き逃してはいませんでした。次女には、突然始まった「介護」の状況を肯定的に受け止める側面がみられたのです。そこで、②支援者は、じっくりと次女の話を聞いた上で、「○○さん（次女）は、お母さんの介護への対応の仕方がだんだんうまくなってきているのではないでしょうか。そして、そのことにやりがいを感じているのではないでしょうか」と問いかけてみました。そうするとCさんの次女は、はじめはきょとんとしていましたが、徐々に「そうそう。そうなんです」と我が意を得たりというような顔になりました。このように③次女は支援者と話し、自分の人生の中で、母親を支え介護することは、今しかできない、自分にとって意味あることなのだと、介護に対する肯定的な受け止めをすることができました。それからは、Cさんが困って不安にならないようにしよう、そして、Cさんが喜ぶことをしてあげようと意識して接するようになりました。また、自分の心に余裕がないときは仕方がない、「『ごめんなさい』と母に謝ればいい」と思えるようになり、自分の気持ちが楽になりました。

ポイント解説

　家族介護者が、支援者に相談をしたとしても、介護を負担と感じ、その負担を減らすために他人の力を得たいと考えて相談をしているとは限りません。確かに、比較的早い時期から、介護保険サービスなどの利用を開始し、少しずつでも利用したほうが、安定した形で在宅介護を続けられることが多いでしょう。しかし、家族がどのように思い、どのように感じているのかを聞き出すことなく、認知症の確定診断を早くつけることや、介護保険サービスの利用を勧めるばかりでは、家族介護者との相談が噛み合わないものになりがちです。

ポイント①　介護に対する肯定的な感情の把握

　家族によっては、「できるだけのことを直接自分でしたい」と考える人もいます。「どのようなサービスがあるか」を知りたいのではなく、「どのように対応したら、よりよい介護がより長くできるか」が知りたくて相談をしてくる家族もいます。同じ介護を担うときに、介護に対する感情が否定的であるよりは肯定的なほうが、介護される認知症の人は精神的に安定し、介護の質はよりよいものになることがわかってきています。支援者は、家族介護者が介護に対して肯定的な感情を持っている様子が見受けられるときは、それを把握し、ストレングスとしてとらえ、活かしていく視点が必要です。

ポイント②　介護に対する達成感やそれに伴う自己肯定感をとらえ、強める

　家族介護者の、介護に対する肯定的な感情の中には、達成感や自己肯定感もあります。支援者は、家族が介護にどのようなプラスの感情を持ち、それを認識しているのかを聞き取っていくようにします。そして対応がうまくできることによる達成感に共感したり、それに伴う自己肯定感を承認したりします。

ポイント③　介護に対する肯定的な意味付け

　家族介護者が、介護について使命感を感じたり、意味を見出していることが見受けられるとき、支援者は、家族介護者とともにそのことを認識し、大切にしていくようにします。
　家族によっては、人生のこの時期に、介護が必要な人と同居することを通して、介護に生きがいを見出すこともあります。

まとめ

　認知症の人を介護することには、多少の負担が伴うことは間違いありません。そのため、家族介護者は、介護に対してさまざまな感情を抱きます。

　介護に対して否定的な感情を持つこともある一方で、多くの人は、肯定的な感情も併せ持つとされています。介護の肯定的側面は、

> ① 感謝、楽しさなどの感情的側面
> ② 自己受容・マスタリー（家族介護者としての達成感、充実感などの肯定的評価）などの自己評価の側面
> ③ 個人の成長および人生の目的という意味付けの側面

があるとされています。

　特に①の「感情的側面」に含まれる「高齢者への親近感」は、介護負担感などを軽減すると報告されています。また、②の「自己評価の側面」に含まれる「介護役割充足感」や、③の「意味付けの側面」に含まれる「自己成長感」は介護継続不安感を軽減すると報告されています（広瀬 2010）。

　一方、介護負担感に対しては、介護保険サービスなどの利用による軽減効果は当初予想されていたようではなく（荒井ら 2001）、むしろ、①家族介護者のストレス対処能力が高いこと、②老年期のうつ症状が少ないことなど、家族介護者の内面の主観的要素のほうが、介護負担感の軽減との関連性が高いとされています（平松ら 2006）。つまり、社会資源などの利用により介護の客観的状況を変える支援だけでなく、家族介護者の主観的な要素である、認知（介護の肯定的評価など）やうつ症状やストレスへの対処能力に働きかけていく支援が重要といえます。

　家族介護者が、介護経験を通じて成長した自分に気づくことや、介護経験が人生の中で活かされ、意味付けができることなどの介護への肯定的評価や感情は、家族介護者が困難や忍耐の中で得た重みのあるものだからこそ、家族介護者が困難を乗り越えていく上での強みになるのでしょう。

今すぐ使える　家族支援プログラム

　家族支援プログラムの展開においては、第2回の支援の中で介護に対する感情の否定的側面と肯定的側面について理解してもらいます。具体的には、第3章4「4．介護肯定感を高める」（p120）を家族介護者に読んでいただき、介護肯定感についての基礎的な理解をしてもらいます。

　家族介護者の介護に対する肯定的な感情は、介護の困難を乗り越える力になります。介護に対する肯定的な感情は、家族介護者の「ストレングス」として強めていきましょう。

4 本人の主観的世界を理解し、同じ世界に立つ

　認知症の人の特徴として「もの忘れ」があげられます。しかし、ものを忘れる程度、範囲、順番、スピードは人それぞれです。認知症の人からみた自分と自分の周囲の世界の見え方は、家族介護者にも簡単には分かりません。そこで、家族介護者が「認知症の人から見た自分や、自分の周りの世界の見え方」に気づき、理解することができるような支援が必要なときもあります。どのようにすればそれができるかについて見ていきましょう。なお、ここでの支援はこれまでも一般的に認知症の人への支援で大切だとされてきたポイント（認知症の人の言っていることを頭ごなしに否定しない、尊厳を守る、感情は最後まで残るので温かく接するなど）に沿ったものです。狭義の認知行動療法を適用した支援ではありません。

事例4　会社の重役をしていた頃の記憶が最も残っている認知症の夫を介護する妻への支援

　Dさん（83歳、男性）は、現役時代は大手金融機関の重役でした。大勢の部下を持ち、毎朝、専属の運転手が社用車で自宅に迎えに来て通勤するような生活でした。定年後は、奥さんと二人暮らしで、悠々自適な生活を送っていました。現役の頃の輝かしい経歴が、Dさんの心の支えになっていました。

　しかし、徐々に認知症の症状が出始め、認知症の専門病院を受診し、診断がつきました。主治医からはデイサービスを勧められました。ところが、Dさんは、デイサービスに気が進まず、毎回「なんで行かなければならないのか？」と奥さんに説明を求めます。奥さんは、「運動不足だからトレーニングが必要」などと説明していましたが、Dさんは「それなら自分でもできる」と言って、なかなか納得してくれません。

　ただ、デイサービスの当日、迎えのスタッフが顔を出すと、「せっかく迎えにきてくれたから」とDさんは何とか出かけてくれます。デイサービスでは、他の利用者さんを自分の部下だと思って対応してしまうこともあり、時々、訓示を述べたり、「失敬だ」と怒ってしまったりすることもありましたが、大きな問題はなく、週1回、通所していました。

　そうしたところ、奥さんの持病が悪化して、通院が週2回必要となったため、Dさんのデイサービスを週2回に増やす必要性が生じました。奥さんは、週1回でもやっ

第2章　認知行動療法を用いた家族支援の実際　47

> との思いでデイサービスに送り出していたので、どうしたら気持ちよくDさんがデイサービスに出かけてくれるか、頭を悩ませてしまいました。

解説

本人の世界を理解し、同じ世界に立って考えてみようとする

　認知症が進行して、Dさんは、デイサービスの意義を理解することが難しい状態です。元々の仕事柄、自分のスケジュール管理をしっかりする習慣が残っており、週1回から2回に回数が増える、という変化を受け入れることにも抵抗があります。

　認知症のDさんへ、一般的な説明をしてもなかなか納得してもらえません。逆に、不安が広がり、収拾がつかなくなる可能性もあります。ここでは、本人の主観的世界を理解し、同じ世界に立つことによって、打開策を見出していきます。認知症の人の記憶は、多くの場合、最近の記憶から過去に遡って失われていくと言われます。Dさんの「最後に残った記憶の時点」はどこにあたるでしょう。認知症の人の多くは、（少なくとも初期から中期にかけては）、その人の人生の中で一番輝いていた時代（壮年期など）の記憶まで残っています。その当時については、自分を実感でき、心が安定するのです。そのような、「最後に残った記憶の時点」におけるその人の立場などを参考に接することが有効な場合があります。つまり、認知症の人が自分を認識できる、認知症の人が思い描く世界＝"主観的世界"に合わせた対応をすることが、認知症の人に関わっていく上での重要なポイントになります。

　Dさんの場合は、「会社の重役時代の自分」が「最後に残った記憶の時点」で自分を認識できる世界でした。記憶が最近のものから少しずつこぼれていく"引き算の世界"にいながら、自分が人生の中で一番輝いていた時代に身を置いていると認識することで、心の安定を保っているのでしょう。そこで、Dさんのその主観的世界に合わせた対応をすることが、Dさんを混乱させず、今ある力を維持していくことにつながります。

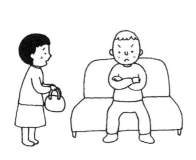

事例4のその後の支援と変化

　Ｄさんの奥さんの気がかりについて、ケアマネジャーやデイサービスの職員が相談に乗り、考えました。その結果、Ｄさんの①　主観的世界に合わせ、まずは、デイサービスの送迎を、Ｄさんが華々しく活躍していた会社重役時代の「朝の専用車の迎え」のように演出することにしました。

　それまで奥さんは、「運動が体によいから、せっかく迎えに来てくれるんだから行きましょう」とデイサービスについて事前に説明していたのをやめました。そして、「お迎えに来る日よ」と簡単な声かけを行い、支度を整えておくだけにしました。デイサービスの迎えの職員は、②　「皆が待っていますから。今日もよろしくお願いいたします」と心からのメッセージを送るようにしました。また、デイサービスの最中も、「重役」としての丁重な扱いを思い起こさせる関わりをしました。

　以前は、デイサービスの迎えがくると渋い表情で「何で行かなければならないんだ？」と質問攻めにしていたＤさんでしたが、次第に嬉しそうな様子に変わっていきました。そして、今は奥さんを「自分の部下だ」とデイサービスの職員に紹介し、車に乗り込むようになりました。デイサービスの送り出しで疲れきっていた以前とくらべ、奥さんはとても気分が楽になり、足取り軽く通院することができるようになりました。

ポイント解説

ポイント①　本人の主観的世界の理解

　自分がデイサービスに行かないと、奥さんの通院がままならない、という現実世界の状況が、今のＤさんには理解できません。そこで、これまで何とか「運動が体によいから」などと理由をつけて、デイサービスに通ってもらってきました。しかし、通う回数を増やすのは至難の業でした。

　そのため、支援者は、家族介護者とともに、Ｄさんの主観的世界を想像し、同じ世界に立って考えてみることにしました。そうすると、見えてきたのは、Ｄさんの「自分が会社の重役として活躍している世界」でした。そこで、関係者で話し合い、デイサービスの送迎を、「会社重役時代の朝の車のお迎え」のように演出することとしました。

ポイント②　本人の主観的世界に合わせた対応

　Dさんの「最後に残っている記憶の時点」が「会社重役時代の自分」であることが理解できたので、Dさんがそのような自分としてふるまえるよう、デイサービスの送迎のとき、スタッフの対応の仕方を統一することにしました。大切なのは、デイサービスのお迎えの職員の対応です。心から、「皆が待っています」や「今日もよろしくお願いいたします」と伝える必要があります。それと同時に、家族介護者もまた、本気で、Dさんの主観的世界と同じ世界に立って対応する必要があります。奥さんは、重役時代のDさんのことを思い出しながら、「いってらっしゃい」と送りだすようにしたのです。そのおかげで、Dさんはとても嬉しそうな様子で出かけることができるようになりました。

まとめ

　認知症の人の特徴である「もの忘れ」の程度、範囲、順番、スピードは人それぞれで、簡単に把握できるものではありません。「認知症の人の記憶にないことは、認知症の人にとっては事実ではない」と言われています（杉山 2008）。極端な言い方に聞こえるかもしれませんが、健常者にとっては当たり前の事実でも、認知症の人にとっては「了解できない」こと、また、「事実ではない」こともあるのです。認知症の人との関わりでは、このことを念頭に置く必要があります。

　また、認知症の人の記憶は、多くの場合、現在から過去に遡って失われていきます。そのため、その人の「現在」は、「最後に残った記憶の時点」となります。例えば、夕暮れどきに認知症の人が「家に帰ります」という「夕暮れ症候群」は、認知症の人にしてみると、「自分の家」は記憶に残る最後の「何十年か前の家」で、それが認知症の人にとっての「現在」になるのです。そのため、「自分の家ではない家」にいる自分は、「夕暮れになったら帰らなければならない」と考えるのは当然と言えます。

　認知症の人の言動は、常識的に考えると理解できないこともあると思います。しかし、認知症の人の主観的世界を理解し、家族介護者が認知症の人の不思議な言動の背景を少しでも理解できると、家族介護者に余裕ができ、適切な対応ができるようになります。基本は、認知症の人の「主観的世界」を知ること、そして、同じ世界に家族介護者が立ち、そこからの対応を考えていく、これが大切ということになります。

　Dさんの事例でも、家族介護者と関係者が、Dさんの主観的世界を知り、同じ世界に立って、そこから対応を考えたことにより、Dさんが生き生きとデイサービスに通所し続けることができました。Dさんの心が安定する、記憶が一番鮮明な時代に周りが合わせることで、Dさんの世界に調和が生まれたのでしょう。

今すぐ使える 家族支援プログラム

　家族支援プログラムの展開では、第3回の支援の中で、認知症の人の主観的世界を理解し、同じ世界に立つことを理解してもらいます。具体的には、第3章5「2．同じ世界に立つ」（p124）を家族介護者に読んでいただきましょう。

　家族介護者が、認知症の人の主観的世界を理解し、同じ世界に立つことによって、認知症の人から見た世界に調和が生まれます。その世界は、認知症の人の心が安定し、自信を持って行動できる世界なのです。

5 本人の「現在位置」の確認
～ 横並びのサポートで今ある力を支える ～

　認知症の人の特徴の一つに生活障害があげられます。生活障害とは、日常生活でできてきたことが、徐々にできなくなることです。本人も家族介護者も、以前はできていたことができなくなってくるので、もどかしいこともあるでしょう。また、認知症とわかっていても、日常生活に必要不可欠なことができなくなる事実を受け入れ難い、信じたくないと思うこともあるでしょう。そこで、支援者は家族介護者が本人の「現在位置」を把握し、それに合わせた介護ができるよう支援することも必要です。その手法について見ていきます。なお、ここで解説する支援は第2章4同様、狭義の認知行動療法を適用した支援ではありません。

事例5　服薬管理が自分でできなくなっていることを認めない認知症の父親と同居介護する娘への支援

　Eさん（83歳、男性）は、長年、エレベーター管理会社の営業部長を務め、お得意さんとの関係を何よりも大事にする会社の顔でした。奥さんに先立たれ、一人暮らしをしていましたが、パーキンソン病や脳梗塞になってから一人暮らしが立ち行かなくなり、娘さんの家族と同居することになりました。その後、次第に認知症の症状が出始めたため、閉じこもりにならないよう、デイサービスに通い始めました。

　Eさんは、現役時代の営業部長という仕事柄か、デイサービスでは、周りの人を気遣うお世話役ぶりを発揮し、外ではしっかりした姿を保っていました。しかし、家ではその反動なのか、娘さんの声かけや介助に反発することが目立ってきました。外ではしっかりしているようで、家では子どもの口ごたえのような、「あー言えばこう言う」という感じの言動が見られていました。

娘さん：「お父さん、パーキンソンの大事な薬だから、ちゃんと飲んで下さいね」
Eさん：「大丈夫、わかってるから」

　しかし、娘さんがテーブルの上に置いておいた薬は床に落ちていました。どうも、食後すぐに飲まないで後回しにしてしまい、そのうちすっかり薬のことは頭から抜けてしまったようでした。

娘さん：「薬、飲んでないでしょう、こんなところに落ちているじゃない？」
Eさん：「飲んだのに、うるさいなあ」

娘さん:「そんなことないでしょ！　じゃあ、ここに落ちているのは何なの？」

　　毎回がこんなやりとりで、一日3回の服薬の度に、娘さんのストレスは最高潮です。

　　娘さんが薬のことを言えば言うほど、Eさんは頑なになって構えてしまうようなところが見受けられます。

　　Eさんの娘さんも、以前のEさん（父親）を知っているので、「薬はきちんと飲めて当たり前」と期待してしまいます。その基準（期待）と比較して、実際には服薬がきちんとできないEさんに対し、上から目線の言い方になってしまっています。

　　人は、発達段階に沿って、徐々に知的能力を獲得していきます。しかし、認知症になると、一度獲得された大人としての全般的な能力が、知的発達と逆カーブで減退していきます。Eさんも、こと服薬については、以前と同じようにはできない状態になっているようです。

解説

本人の「現在位置」を確認し、それに応じた介護ができるよう家族介護者を支援する

　家族介護者は、認知症の人の元気な頃からの様子を知っているので、昔と比べてしまい、「なぜ、こんなこともできないの？」と嘆いたり、「こうあってほしい」と期待するため、目の前の状況をそのまま受け入れることが難しくなりがちです。家族介護者は、認知症の人の年齢から「これぐらいできて当たり前」という基準（期待）があるため、そこから見下ろすかのようにして、認知症の人のできないことや、おかしいことに目がいってしまいます。

　いろいろなことがうまくできない認知症の人の言動については、その「現在位置」の確認をすることが大切です（高森　2006）。「現在位置」とは今の本人の能力が、何歳くらいにあたるか、ということです。目の前の認知症の人は、「その『現在位置』の発達段階（○歳）と同じレベルの対応が必要な人なのだ」と割り切って考えるとよいのです。これは、家族の期待を一旦横に置いて、事態を客観的に捉えるための一つの考え方です。全ての行動について、同じ位置（年齢）だと期待するのではなく、一つひとつの行動について考えるのがコツです。

　できないことを責めるような対応は、上から目線となり、今できている力や可能性を削いでしまうことにもなりかねません。家族介護者が、認知症の人の「現在位置」のレベルに合わせた対応、つまり、横並びのサポートができるようになることは、認知症の人の「今ある力」を下支えすることになります。

事例5のその後の支援と変化

　Eさんは、いつも、「薬は一人で飲める」と言っていましたが、実際は飲むことができていません。①支援者の情報提供とアドバイスにより、Eさんの娘さんは、Eさんの「現在位置」を、「普通の声かけでは、薬を飲めない人」と認識し直しました。薬を飲むことに関しては、Eさんはせいぜい5～6歳くらいの「現在位置」にあると、あえて娘さんは考えるようにしました。

　Eさんの実年齢からは一旦離れ、幼児をイメージして、そのような年齢の人に対してなら、どのような工夫をすると薬を飲むことができるかを考えることにしました。ちょうど保育園の先生をしている知人がいたので、一緒に考えてみました。すると、いろいろな発想が浮かんできました。そして、娘さん＝薬の押し付けというイメージがEさんの中で強くなっていたため、娘さんがあまり前面に出ないようにする作戦を考えました。Eさんはお孫さんのことをかわいがっていたので、②お孫さんの写真と「おじいちゃん、いつまでも元気でいられるようにお薬飲んでね！」というメッセージつきの写真立てを薬ケースの横に置きました。また、薬の量が多かったので、③主治医に事情を話し、大事な薬に絞って量を減らしてもらいました。また、一部の薬を粉薬に変えてもらい、健康志向の強いEさんが毎日食べていたヨーグルトに、薬を混ぜて飲めるようにしました。

　こうしたところ、Eさんはテーブルに置いてあるお孫さんの写真とメッセージを見て、薬を一人で飲むことができるようになりました。また、錠剤の薬が飲めていなくても、「粉薬はヨーグルトに混ぜて飲んでいる」という安心感を娘さんは持てるようになりました。

　娘さんは、Eさんついて「薬に関しては、5～6歳レベルなのだから仕方ない」と割り切って考えることができるようになり、Eさんに対する怒りも収まり、楽になりました。そしてストレスのレベルがぐんと下がりました。娘さんは今まで、上から目線で、「できないこと」ばかりに目がいっていましたが、「現在位置」の確認をしてからは、客観的に現状をとらえ、Eさんのやれないところは周りがカバーし、「できているところ」を支えようという気持ちになれました。薬のことは5～6歳レベルだけれど、それ以外のこと、例えば、「孫思いでやさしい」とか、「デイサービスでは皆の世話焼きで周りの人を気遣う」など、Eさんの「できている面、強み」に目が向くようになりました。

ポイント解説

ポイント①　本人の現在位置を確認する

　Eさんは、「自分で服薬の管理ができている」と認識しています。娘さんも、お父さんが自分でできることは自分でしてもらったほうがいいので、服薬を任せたいのですが、うまくいきません。そこで、支援者は、娘さんがEさんの「現在位置」を確認するよう促したのです。支援者の促しを受け、娘さんはEさんの服薬管理行動に関しての現在位置、つまり、現状を把握しました。Eさんの場合は、服薬に関しては5～6歳レベルか、ということでした。そのように理解しなおすと、Eさんの行動も受け入れやすくなります。このように、一つひとつの日常生活に関する行動ごとに異なる年齢としてとらえていけばよいのです。

ポイント②　望ましい行動への動機づけを工夫する

　一番身近な人の声かけには、拒否的な反応を示す場合でも、他の家族メンバーに対しては異なる反応を示すこともあります。一番身近な家族介護者は生活の世話に追われ、認知症の人を、結果的に子ども扱いしてしまいがちなことも原因としてあげられます。

　そこで、服薬を促す要因としてお孫さんの写真を置いておくことにしました。Eさんの場合、お孫さんの存在が、前向きな反応を引き出す要因となるので、それを活用したのです。

ポイント③　現在位置に合わせた介護の工夫を考える

　Eさんの服薬に関する行動レベルが5～6歳くらい、ということになると、そのレベルに合わせた介護（援助行動）を行えば、Eさんは引き続き服薬を続けることができることになります。そこで、薬の管理をより簡便にするために、主治医に相談して処方の仕方を変えてもらい、薬の数を減らし、一部は粉薬で処方を受けて、毎日食べるものに混ぜて服用してもらうことにしました。このように、以前できていたことを同じように行うことが難しくなっても、その後、本人の状態に合わせた工夫をすれば、本人の力で服薬を続けることも可能なのです。

まとめ

　認知症の人は生活障害のため、以前はできていたことが少しずつできなくなってきます。そこで支援者は、家族介護者が本人の「現在位置」を把握することを支援します。一つひとつの日常生活上の行動ごとに、何歳くらいのレベルかをあてはめて考えていきます。また、そのレベルに合わせた介護ができるよう支援します。

　「〜はできるはず、〜はできてほしい」という家族介護者の期待が強すぎると、認知症の人の客観的な状態が見えなくなりがちです。まずは、認知症の人が「実際にできていること」と「本当はできないこと」を客観的にとらえ直すことです。そこから、さらに、「今後できる可能性があること」や、「もう難しいこと」を見極めていきます。「できないこと」については、必要な支援や代行などのサポートを考えます。

　一方、日常生活の中で、認知症の人が「できる可能性のある」ことを見つけ、認知症の人が「力を発揮できる」活動の機会を作ることや、「担える役割」を見出すために、支援者は、家族介護者とともに環境を整えていくことが大切です。

今すぐ使える　家族支援プログラム

　家族支援プログラムの展開では、第3回の支援の中で、認知症の人の「現在位置」の確認をしてもらいます。具体的には、第3章5「3.「現在位置」の確認をしよう」（p128）を家族介護者に読んでいただき、「現在位置」を把握することの意義を学んでいただきます。

　そして、家族介護者が、認知症の人の「現在位置」を把握し、その「現在位置」に合わせた介護の工夫をすることができるよう、支援していきましょう。

6 伝わるのは話の内容より、話し手の感情
～「快」か「不快」かがポイント～

　認知症の人は、徐々に話の内容を理解することが難しくなってきます。しかし、認知症の人はコミュニケーションからさまざまなことを感じとっており、中度・重度の認知症の人とのコミュニケーションにおいては、話の中身より話し手の感情が大切です。話し手の感情は、コミュニケーションに付随する非言語的な情報として認知症の人に伝わるからです。

　家族介護者が、認知症の人とのコミュニケーションがうまくいかずに困っているとき、支援者はどのような情報提供をしていけばよいか見ていきましょう。

事例6　プライドが高くて人からの支援を受け入れられない認知症の義母を介護するお嫁さんへの支援

　Fさん（87歳、女性）は、現役主婦の頃はスーパー主婦で、何でも自分ででき、「できない」ということが嫌いな方でした。そのため昔から、お嫁さんの主婦ぶりが気になり、「自分ならもっとできる」と思ってきました。今でも、洗濯物を取り込み、階段の掃除を手伝おうとします。しかし、足がよろめいて、何度も転んでしまいます。家族みんなから「危ないからやめてくれ」と言われてもやめません。

　Fさんは、外ではいつもニコニコして、怒った顔を見せたことのない方です。しかし、家の中、特にお嫁さんに対しては「（自分はできる主婦だったのに、できない主婦の嫁の世話になるようなことはないという気持ちが強く）、誰が面倒みてくれと頼んだ！」と何かあるたびに強い言葉で拒否をします。

　お嫁さんはかねがね「自分でできなくなったんだから、素直に家族に介助を頼んでほしい。家族はやってあげたいのに、『やらなくていい！』と拒否をするので、介助しにくい。結局は、一人で始末ができなくなって、家族がもっと大変になってしまうのに…」という思いが強く、ずっとそれを言い続けてきました。

　先日も、トイレに間に合わず、Fさんが床に失禁してしまった水溜りを前にバトルです。
お嫁さん：「この水溜り（尿失禁）は何なの？　誰がしたの？」
Fさん　：「誰かが水をこぼしたんだろう、自分は知らない」（と譲りません）

>　**お嫁さん**：（こちらも譲らず）「ばあちゃん、皆、年取ったら人に助けてもらわないとやっていけないんだから、素直に『ごめんなさい』と言ってくれればそれでいいんだよ、何で知らないなんて言うの？　そんなはずないでしょ！」
>
>　お嫁さんもＦさんも平行線で、それぞれに気持ちが高ぶってしまいます。最後には、Ｆさんは「死んでやる！」と大泣きしてご飯を食べなくなりました。
>
>　孫や息子など他の家族があわてて優しい言葉をかけると、Ｆさんは表情がコロッと変わりニコニコしてご飯を食べ始めました。このようなことの繰り返しです。

解説

認知症の人とのコミュニケーション

　Ｆさんは、認知症の進行により、段々と、ものごとの理解が難しくなってきているようです。また、日常生活でできないことも多くなり、そのことを強く指摘されて、「叱られている」と感じイライラしたり攻撃的になったりしているようです。その上家庭の中での役割を失い、居場所がなくなってきているような感じです。このような状態では、認知症の人の混乱は増大してしまい、BPSD（行動・心理症状）が増してしまいます。

　認知症の人とのコミュニケーションでは、話の中身より、話し手の感情が大切です。話し手が認知症の人に対してイライラしていたり、怒っていたり、バカにしてしまっていたりすると、その感情が、コミュニケーションに付随する非言語的な情報として、認知症の人に伝わるからです。非言語的な情報とは、具体的には話し手の表情や語調です。家族介護者が「不快」を送るコミュニケーションよりも「快」を送るコミュニケーションがとれるように支援していきます。

「不快」を送るコミュニケーション

　お嫁さんは、Ｆさんが自分の状態を認めず、「世話にならなくても一人でやれる」と言う主張の誤りを、言葉で分からせようと必死でした。確かに、理屈としては、お嫁さんが正しいような気がします。しかし、お嫁さんは、責めるような口調で言い立ててしまっています。これ

は、「不快」を送っている状態となります。認知症の人は、話の中身よりも、話し手の感情を受け取ります。コミュニケーションに付随されてくる情報が「不快」なものだと、認知症の人はそのことを感じ取り、拒否的な反応をします。Ｆさんとお嫁さんの関係はいつまでも平行線で、お互いに怒りがエスカレートしてしまいます。

「快」を送るコミュニケーション

　救いは、Ｆさんに優しい言葉をかけてくれる他の家族がいることと、その言葉でＦさんが落ち着くことです。他の家族が「大切だ」「いとおしい」という感情を持って言葉をかけており、それは、「快」を送るコミュニケーションとなっています。心地よい言葉でなだめてくれると、心が落ち着くのは、認知症の人に限らないでしょう。認知症の人は、温かく穏やかな、「あなたを大事にしていますよ」という「快」のメッセージが心に届くととても安定します。

事例6のその後の支援と変化

　お嫁さんはＦさんとの長年の同居生活からくる葛藤があり、お嫁さんがＦさんに対して優しい感情を込めた、「快」を送るコミュニケーションをとることはとても難しい状態でした。お嫁さんは、お嫁さんの立場で一生懸命だったのです。支援者は、その①「一生懸命さ」や「大変な思い」を受け止め、ねぎらいの気持ちを継続して伝えました。

　一方で、お嫁さんは、自分の言っていることの正しさを証明するため、話の中身、理屈にこだわってしまいがちで、お嫁さんの表情や語調から、結果として「不快」を送るコミュニケーションになってしまっていました。それに反応して、Ｆさんも強く拒否をしたり、怒ったりしてしまうことの繰り返しです。これらは、ことを難しくすることはあっても、よい方向につながるとは思えませんでした。今の硬直した二人の関係を見直し、②お嫁さんのコミュニケーションを少しでも変えていく方向を探り、支援者は

「直球よりもフェイントで」

「負けるが勝ち」

「説得よりも納得」

など、具体的なイメージがわくような言葉を工夫してお嫁さんに伝えました。

　また、③他の家族が優しい言葉かけをしてくれるので、支援者からも、週に2～3回はＦさんのよいところを褒めること、Ｆさんと楽しい会話をしてもらうこと、また、いつものパターンでＦさんとお嫁さんのバトルが始まりそうなとき、早めに間に入って場面を切り替えるなどを提案していきました。

ポイント解説

ポイント①　家族介護者のこれまでの努力をねぎらう

　家族介護者に、認知症の人とのコミュニケーションの方法について、新しい情報を理解したり、練習してもらいたいときでも、まずは、これまでの家族の歴史を尊重し、家族介護者の努力や一生懸命さをねぎらいます。家族介護者には家族介護者なりのこれまでの取り組みや積み上げがありますので、そのことをまずは評価するべきです。

ポイント②　「不快」を送るコミュニケーションから「快」を送るコミュニケーションへ

　家族介護者にコミュニケーションの仕方を理解し、新しい手法を獲得してもらいたいとき、あまりにも教示的であったり説得調であったりしてはなかなかうまくいかないことが多いと思われます。家族の間のコミュニケーションはパターン化されていることが多く、それを変えることは容易ではないからです。それゆえ、支援者は、家族介護者の胸に「ストンと落ちる」ような表現を工夫し、習得できるよう支援していきます。例えば、「直球よりフェイントで」は、誤っていることを指摘したいときでも、直接指摘するよりは、やんわりと指摘することを提案するときに使います。「負けるが勝ち」は、認知症の人とのやりとりで、明らかに認知症の人が誤ったことを主張しているときでも、認知症の人の気持ちの安定を優先して、あえて相手の話に合わせることを提案するときに使います。「説得するよりも納得」は、認知症の人に何か行動を促すときに、理詰めで話すよりも、「自分のためになるから○○する」というように、本人が納得できるよう、促していくようなコミュニケーションを提案するときに、使います。

ポイント③　主たる家族介護者以外の人の手助けを得る

　家庭の中で、「快」を送るコミュニケーションが多くあると、認知症の人は落ち着きます。残念ながら主たる家族介護者のコミュニケーションが「快」を送るコミュニケーションよりも「不快」を送るコミュニケーションに片寄りがちであったとしても、主たる家族介護者と相互理解や相互扶助関係にある他の家族が、その分をカバーしてくれることも認知症の人にとってはプラスになります。

ポイント④　環境の調整を考える

　この家族については十分に実践できませんでしたが、Fさんのようなケースにおいて、Fさんが「家族の役に立ちたい」という気持ちを最大限生かすことも大切です。Fさんに「洗濯物を取り込みたい」「階段の掃除をしたい」という気持ちがあり、それを実行しようとしていることに対して、本当は「危ないからやめて」と伝えるよりは、環境の工夫をして、Fさんが転ばないようにできるとなおよかったと思われます。洗濯物を干す場所や、取り込む場所の工夫をして、Fさんが転ばずに取り込めるようにできなかったか、あるいは、階段の掃除をするときに安全な形でFさんが満足するような掃除の仕方の工夫はできなかったか。それらの家事動作がFさんの安全を保障できないのであれば、どのような家事手伝いであればFさんが「家族の中の役割」を認識でき、心の安定が保たれるものであったかなどを考え、それをしてもらえるような工夫ができるとよかったのではと思われます。

まとめ

　認知症の人は、理解力が低下してきてしまい、話の内容を理解することが難しくなります。特に、難解な話や、正誤をはっきりさせるための話は理解が難しく、「分からない」感覚が広がります。

　そのようなとき、家族介護者の感情は、表情や語調という形になって、コミュニケーションに付随する非言語的な情報として伝わります。家族介護者が、怒り、イライラなどの感情を持つと、それは、「不快」を送るコミュニケーションになってしまいます。

　支援者は、家族介護者が「不快」を送るコミュニケーションではなく、「快」を送るコミュニケーションができるよう支援していきます。話の中身より、話に込める感情に気を使うようにします。家族介護者が、優しい、いとおしい、いたわりの気持ちを持って、認知症の人とコミュニケーションできるよう支援していくのです。そのような感情は、笑顔、優しい眼差し、穏やかな口調などの形をとってコミュニケーションに付随して相手に伝わります。それを、認知症の人は「快」が送られてきたと感じとるのです。

今すぐ使える 家族支援プログラム

　家族支援プログラムの展開においては、第4回の支援の中で、認知症の人とのコミュニケーションを学んでもらいます。具体的には、第3章6「2．認知症の人のコミュニケーションと心理」（p133）を家族介護者に読んでいただきます。

　家族介護者が、認知症の人とのコミュニケーションの重要性を理解し、「快」を送るコミュニケーションがより多くできるよう支援していきましょう。

7 「快」を送るコミュニケーション

　認知症の人は、記憶障害が進むと、自分の記憶に残っていることと、現実とが入り交じり、家族介護者からすると「誤っている」情報を「正しい」と主張したりすることもあります。
　家族介護者が、認知症の人の記憶の混乱などに振り回されているとき、支援者はどのような情報提供をしていけばよいかについて考えていきます。

事例7　亡くなったお姑さんがまだ生きていると思い込んでいる認知症の妻を介護する夫への支援

　Gさん（78歳、女性）は、ご主人と2人暮らしです。戦争や親の病気などで、小さい頃から苦労をいとわず家のために働いてきました。結婚してからは一家の主婦として、夫と夫の両親、子ども達のため家を支えてきました。そのGさんに数年前から認知症の症状が現われ、ご主人と何気ない会話でも、急にびっくりするようなことを言い出すようになりました。

Gさん：「おばあちゃん、今日は帰ってこないねえ」「どこ行っちゃったのかしら？」
ご主人：「おまえ、何言ってんだよ、お袋はもうとっくにお墓の中だよ」
Gさん：「そんなはずないわよ」「だってさっきまでここにいたじゃない」
ご主人：「とんでもないこと言うなよ、ここに　○月○日　享年○歳って書いてあるだろ」

　ご主人は、「姑はとっくに亡くなっている」という事実を曲げることはできないので、最後は、位牌までGさんに見せて、Gさんにお姑さんが亡くなっている事実をつきつけました。しかし、そこまでしても、Gさんはその事実を認めず頑なになってしまい、ご主人はさすがに考えこんでしまいました。

解説

事実を分からせることばかりがよいとは限らない

　認知症の人の記憶は、最近のことからなくなっていく傾向があります。そのため、古い記憶のほうが長く鮮明に残っています。

　この場合、Gさんの記憶の中ではお姑さんが生きており、亡くなったことの記憶はないのかもしれません。Gさんの場合、「お姑さんが亡くなった」となると、「嫁としてお姑さんの世話をする自分の役割や自身の存在感がなくなる」ということにつながり、不安や虚無感を生じさせる「お姑さんの死」は受け入れ難い事実なのだと考えられます。そのため、その事実を家族介護者であるご主人が強く言ってきかせても、Gさんはますます混乱した状態に陥るのだと考えられるのです。

　認知症の人との会話では、事実を分かってもらうことよりも、認知症の人が「自分の気持ちが受け止められた」と感じ、心が穏やかになることが大切です。家族との会話で、本人が心地よい感覚（「快」）を持つことができると、本人の「困った」反応や行動が落ち着き、よい循環に向けて変化することができます。

事例7のその後の支援と変化

　ご主人は、以前から、Gさんの認知症の主治医から ①「本人の言うことを強く否定しないように」と言われていました。また支援者からは、② 認知症の人が言った言葉を反復して返すという会話の方法を教わりました。そこで、ご主人は、次に同じようなことをGさんが言い出したとき、思い切って今までと違う言い方をしたらどうだろうと考えました。

Gさん：「おばあちゃん、どうしたのかしら」
ご主人：（Gさんの言うことを否定せず）「そうだな、どうしたんだろう。遅いね」
Gさん：「そうねえ」

と軽く反応しただけで、違う話題になったのです。

　前回、あんなに大変な言い争いになったのが嘘のようでした。それ以来、ご主人は、Ｇさんが「エッ！？」と思うようなことを言ったときには、「あ、そうかい。～～かもしれないね」とＧさんの言うことになるべく合わせるようにしています。そうは言っても、我慢できなくなって思わず否定してしまうことがありますが、③ 以前と比べて言い争いになるようなことはずいぶん減ってきています。

ポイント解説

ポイント①　本人の言うことを強く否定しない

　認知症の人が、家族介護者からすると「誤っている」ことを事実として主張していることに対して、強く否定することは、「不快」を送ることになってしまいます。「あなたを受け入れない」というメッセージは、言葉の中身だけではなく、コミュニケーションに付随する、否定的な表情と口調で伝わるものです。認知症の人は会話の中身ではなく、むしろ、会話に付随して「不快」が送られてくることに反応して「自分を否定された」と不安定になったりします。

　そのため、認知症の人の言うことを強く否定しないほうがいいのです。「否定しない」ということは、「とりあえず、受け止める」という家族介護者側の態度が伴います。それは、会話の中身以上に、受容的な表情と口調を伴うものです。認知症の人は「自分のことを否定されない」という状態にあるほうが、安定してきます。

ポイント②　関心表明、反復確認、共感

　認知症の人とのコミュニケーションでは、①関心表明、②反復確認、③共感を示すということを心がけるのがポイントです。

　Ｇさんの「おばあちゃん、どこ行っちゃったんだろうね」（本当はお姑さんは亡くなっている）という発言に対して、ご主人は、無視したり、頭ごなしに否定せず（①関心表明）、「そうだな、どうしたんだろう。遅いね」（②反復確認、③共感）と言うことができました。これは、ご主人がＧさんの主観的世界を尊重し、Ｇさんがお姑さんを思う気持ちを受け止めて、Ｇさんと同じ目線から発した言葉になっています。Ｇさんは、ご主人が受け止めてくれたことにより、これまでのように混乱せず、「お姑さんを思う嫁としての自分を承認されている」と感じることができ、穏やかに会話が続けられました。

ポイント③　言い争いを回避する

　認知症の人とのコミュニケーションで、言い争いはできるだけ回避したほうがよいです。言い争いが起こると、その内容は、当初の目的を離れ、相手への批判、敵意、強い否定的感情が込められたものになりがちです。そのようなコミュニケーションでは「不快」が送られます。認知症の人は、「不快」が送られると、それに否定的に反応してしまいます。言い争いを回避するためにも、ポイント②であげたコミュニケーションの仕方を心がけて家族介護者が認知症の人と関われるように支援します。

まとめ

　認知症の人は、記憶障害が進むと、自分の記憶に残っていることと現実とが入り交じった世界で生きている状態になります。そのため、家族介護者が「正しいこと」や「事実」にこだわりそれを強く伝えると、不安が増し混乱することがあります。そこで、支援者は、家族介護者が事実を伝えることにこだわりすぎず、会話で「快」を送ることができるよう支援していきます。そのことにより、認知症の人が「否定されない」と思える状態が続くと、家族介護者との言い争いが回避され、認知症の人の混乱が落ち着いてくることもあります。

今すぐ使える　家族支援プログラム

　家族支援プログラムの展開においては、第4回の支援の中で、認知症の人とのコミュニケーションを学んでもらいます。そして、第3章6「3．会話で「快」を送る方法」（p139）を家族介護者に読んでいただき、「快」を送る方法を具体的に理解してもらいます。
　家族介護者が、認知症の人とのコミュニケーションの中でより多くの「快」を送り、不毛な言い争いを回避することができるよう支援していきましょう。

8 望ましい行動を引き出す方法
~「きっかけを変える」、「正の強化」などの対応 ~

　認知症が進行してくると、認知症の人の行動（言動）の中で、家族介護者がとても対応に困る、あるいは、対応が大変な行動が出てくることがあります。このような認知症の人の行動（言動）に対して、家族介護者が工夫することによって、認知症の人の「家族が対応に困ってしまう行動」を、より望ましい行動に変えていくことができます。そして、望ましい行動を増やすことによって、認知症の人と家族介護者が安定した生活を続けることができるようになります。

　ここでは、認知行動療法の中でも、特に行動に焦点を当てた支援を見ていきます。行動に焦点を当てた認知行動療法では、「A きっかけ、先行条件」と「B 行動（言動）」と「C 家族介護者など周りからの反応・刺激、自分に生じる結果」の3つの要素に着目して、働きかけをしていきます。そして、「B」を変えるために、「A」と「C」を変えるよう働きかけをします。

　行動に変化を起こしたいときに、「対応に困ってしまう行動」を「より望ましい行動」に置き換え、より望ましい行動を増やす方法について考えていきましょう。

事例8　歯医者に行くことへの抵抗が強く、質問攻めにしてしまう認知症の夫を介護する妻への支援

　Hさん（82歳、男性）はベテランの電気技師でした。独立して自分の事務所を構え、一切を取り仕切り、一人で仕事を続けてきた人でした。引退後、しばらく奥さんと二人暮らしで悠々自適の生活を送っていました。しかし、腰の病気で入院中に、混乱した状態が見られるようになり、検査の結果、アルツハイマー型認知症の診断を受けました。退院してからも、奥さんの声かけがあれば、自宅で何とか身の回りのことはできていました。

　Hさんは、昔から慎重派で、自分が納得しないと行動しないところがありました。認知症になり記憶力と理解力が低下し、馴染みのないことがらにはとてもこだわり、奥さんに説明を求めるようになりました。奥さんが説明をしても、ときをおかずに忘れてしまいます。奥さんは、Hさんに気になることが起こるたびに、「お母さん、ちょっと来てくれ」と呼ばれ、説明を求められ、それが段々と苦痛になってきていました。

　特に大変なのは、Hさんが歯医者に行くときでした。奥さんが受診の必要性を説明

しても、「何で行くのか、誰がかかるのか、病院を変えられないのか」などの質問が歯医者までの道中ずっと繰り返されます。病院での治療中も、同じような質問をはじめ、何回か治療が中断することもありました。Hさんの病気の事情を承知してくれている歯医者さんながら、奥さんは「周りに申し訳ない」という気持ちが強くなり、ハラハラしたり、イライラすることが多くなりました。

解説

ターゲット行動を確定し、「A きっかけ、先行条件」
あるいは「C 家族介護者など周りからの反応・刺激、自分に生じる結果」を変える

　家族介護者は、認知症の人の「困った」行動に対してどう対応したらよいのか、手立てが見つからず、行き詰ってしまうことがあると思います。Hさんの場合、「歯医者に行きたがらない」「気になることがあると質問をし続ける」という行動が、家族介護者である奥さんにとって「困った」行動といえるでしょう。

　認知行動療法では、このようなとき、どのようにしたら、認知症の人の「望ましい行動」を引き出すことができるかを考えます。この場合の家族介護者にとっての「望ましい行動」とは、「歯医者に嫌がらずに行ってくれる」あるいは「質問攻めにしない」などでしょう。

　そのためには、「A」を変えるか、あるいは「C」を変えることを考えていくことになります。

事例8のその後の支援と変化

　ある日、歯医者までの道中、Hさんはいつもと同じように歯医者のことで奥さんを質問攻めにしていました。エレベーターのドアが開き、Hさん達と入れ替わりに二人連れが会話をしながらエレベーターに乗りました。奥さんは、Hさんがエレベーターを降りてから①質問が、ピタっと止まったことに気づきました。

　このことを奥さんが担当ケアマネジャー（支援者）に話したところ、支援者は、Hさんの記憶力が低下しているために、エレベーターから出て、周りの風景が変わることで、記憶が消えてしまうのではないか、という推測を説明しました。

　そこで、次の機会に奥さんは、②「歯医者に行く」と言わず、「お父さん、たまには私もお花見したいし、一緒にあそこのおいしいお団子を食べたいわ」と誘ってみました。そうしたところ、Hさんは嬉しそうに「そうか」と言って、すんなり外出できました。そして、歯医者の前に着いてから、歯医者のスタッフにも事前に協力を頼んでおき、Hさんに声かけしてもらい、「歯医者に寄って、それからお花見にしましょう」と言ってみました。Hさんは何とか歯医者にかかってくれました。もちろん③歯医者が終わってから、二人で公園に行き、お花見とお団子を楽しみました。

ポイント解説

ポイント①　変化してもらうと対応しやすくなる「行動」を考える

　認知行動療法では、変化してもらいたい行動（言動）を「ターゲット行動」に定めます。そして、それが生じているメカニズムを理解した上で、変化を起こすことができないかを考えていきます。行動が生じているメカニズムを理解することを行動分析といいます。

　Hさんの場合、歯医者に行くと分かった途端、歯医者に行く道中から治療が終わるまで延々と抵抗し、質問し続けるという言動が、変化してもらいたいターゲット行動でした。

　そこで、Hさんの奥さんと支援者とで、対応に困っている行動の「例外」は生じていないかや、対応に困っている行動の前後に生じていることについて振り返って検討してみました。

　すると、奥さんは、エレベーターの中に他の人が乗り込んできた場面で、Hさんの質問が止まったことに気づきました。「歯医者に行くことに抵抗し、質問攻めをし続ける」というHさんの行動（言動）は、変えられる可能性があることに気づいたのです。

ポイント②　「(A) 先行条件やきっかけ」を変える

　Hさんの奥さんは支援者に促され、歯医者への抵抗と質問攻めについて、それがはじまる

「(A) きっかけ(先行条件)」は何かを考えてみました。すると、それは、「(A) 歯医者に行くことを伝える」ことだと考えられました。

そこで、この「(A) 歯医者に行くことを伝える」という言動を前もってHさんに伝える必要があるのかどうかを考えました。Hさんが歯の治療を受けたほうがよいことは間違いないことです。また、Hさんに、出かける意図を伝えることも大切なことです。一方、Hさんは歯医者への抵抗が強く、歯医者に行くということを伝えられた途端、不安が強くなり、焦燥感を伴うような質問攻めがはじまってしまうわけですから、総合的にみて、Hさんにそれほど早く歯医者に行くと告げる必要は必ずしもないかもしれません。

そこで、支援者と相談した上でHさんの奥さんは、「歯医者に行く」ということを前もって伝えないことにしました。そして、その代わりに、Hさんが楽しみに感じられるような別の用事を一緒に済ますことができるような予定に組み換え、Hさんが楽しく出かけるきっかけとなる声かけをすることにしたのです。Hさんの場合、それは、お花見をしたり、好きなお団子を買って帰ることでした。歯医者と団子屋さんは同じ方向にあったため、この方法を使うことにしたのです。

ここで行った変更は以下のようになります。

<当初の状態>

「(A) 歯医者に行くことを伝える」(先行条件)

「(B) 歯医者についての質問攻めがはじまる」(家族介護者が困る行動)

という今までのパターンを変えるために、(A)の先行条件を変更します。
そこで、

<アドバイスの後>

「(A) 歯医者のことは伝えず、楽しいお出かけのお誘いをする」(新しい先行条件)

「(B) 質問攻めをせずに、楽しく出かける」(家族介護者にとって望ましい行動)

このように、まずは、(A)の先行条件を変更し、Hさんが出かけるときに伴っていた、大きな声で抵抗し続け、質問攻めをし続ける、という行動が起こらないようにしました。

ポイント③ 「(C) 結果(行動のあとに生じることがら)」を工夫する

Hさんは、歯医者に行くとなると道中から治療が終わるまで延々と抵抗し、質問し続け、ときに、治療を中断せざるを得ないこともありました。

そして、治療が終わった後、奥さんはHさんの質問への対応と周りへの気遣いなどのため、

疲れてしまい、言葉少なく歯医者から帰ってきていました。口数少なく帰り道につく中、Hさんも奥さんの重い気持ちの影響を受けてか、押し黙るようになっていました。

＜当初の状態＞

「（B） 歯医者についての質問攻めがはじまる」（家族介護者が困る行動）

「（C） 歯医者の治療に疲れたHさんと、歯医者への行きかえりの対応に疲れた奥さんとで重苦しく帰宅する」（行動の後の結果）

　という今までのパターンを変えるために、「（C）結果（行動のあとに生じることがら）」を変更します。
　そこで、支援者とHさんの奥さんは、「（C）結果（行動のあとに生じることがら）」を工夫して、「お花見とお団子で満足を得る」という結果への変更を考えました。歯医者に行った後、重苦しい雰囲気で帰宅するよりは、楽しみなことをして帰ったほうが、Hさんも「快」を得ることができ、歯医者に行くという行動に「正の強化」を得ることもできると考えたのです。
　Hさんの場合、お花見やお団子を食べることが楽しみなことでした。また、Hさんが快く出かけてくれて、本人にとって必要である歯医者の治療を受けてくれるので、奥さんはあたたかくねぎらいの言葉をかけます。そこで、先述したようにHさんの奥さんは、お花見やお団子を食べに行くことを誘い、実際に外出の最後に、お花見をしてお団子をいただいたのです。

＜アドバイスの後＞

「（B） 歯医者に行く」（家族介護者にとって望ましい行動）

「（C） お花見とお団子で満足を得る」「奥さんのあたたかいねぎらいの言葉」
　　　　　　　　　　　　　　　　（新しい行動の後の結果）
　　　　　　　　　　　　　　　　（「快」を増す内容、つまり、「正の強化」）

　このように、望ましい行動になった後、それによって得られる刺激が、Hさんにとって心地よいものになるよう、結果（行動のあとに生じることがら（刺激））を変更します。このときに用いているのが、「正の強化」です。「正の強化」があると、望ましい行動が今後も引き出される可能性が高くなります。
　以上のことは、Hさんには申し訳ないのですが、Hさんの記憶力低下をうまく使わせてもらい、（A）〔きっかけ、先行条件〕を変え、（C）結果〔正の強化〕を用いた介護の工夫です。奥さんは、このやり方で、自宅から歯医者までの道中、質問攻めに合う苦痛から抜け出すことができました。

まとめ

認知症の人の高齢者の行動に対して、①〔A（行動の）前の状況、きっかけ、先行条件など〕を変えることや ②〔C 行動が起こった後に本人が周りから得る刺激。家族介護者の反応や対応など〕を変えることによって、認知症の人の行動に変化をもたらすことが試みられています。アメリカでは1970年代からはじめられている試みです（中山 2009）。

望ましい行動を引き出す（増やす）ポイントは以下の3つです。

> （1）〔B 行動〕の引き金になる〔A きっかけ、先行条件〕を変えてみる。
> （2）〔B 行動〕の後に〔C 結果（認知症の人に「快」をもたらす刺激）〕を提供する。
> （3）〔B 行動〕の後に〔C 結果（認知症の人にとって「不快」な刺激）〕を取り除く。

認知症の人の望ましい行動を引き出したり、増やしたりする手順は以下のようになります。

1 変化させたい行動を明確にする

ここでは、「引き出したい、増やしたい行動」、つまり「望ましい行動」を明確にします。これを「ターゲット行動」とも言います。認知症の人の望ましい行動としては、着替え、洗顔、歯磨き、入浴などのセルフケアや、でき得る限り自立した排せつ行為、望ましいコミュニケーション、などが考えられます。

2 A：きっかけ、先行条件を変更する、整える

「望ましい行動」を引き起しやすくするために、〔A きっかけ、先行条件〕をどのように変更する、整えるかを検討します。望ましい行動、つまり、ターゲット行動が起こりやすくなるような、言葉かけ、視覚的媒介（目印、関連グッズを置いておく、貼り紙など）、動作を一緒に行う、などが重要な「手がかり刺激」になります。

3 C：行動の後の快をもたらす刺激を提供する

「望ましい行動」が今後も起こるように、定着するように、〔C 結果：行動の後に生じる快をもたらす刺激〕を考え、提供していきます。

認知症の人の場合、家族介護者からの関心が有効であることが多いです。褒めたり、感謝するなど、家族介護者が認知症の人へ関心を向け、伝えていくことが望ましいとされています。

4 C：不快な刺激の除去でも効果が

認知症の人は、不快なものごとを認知し、言葉で表現することが苦手になっています。不快な刺激があると、ストレスを強く感じることになります。不快な刺激（騒音、暑さや汚れなど）をできるだけ早く除去すると、認知症の人が落ち着くことも多くあります。そこで、少なくとも認知症の初期から中期にかけては、認知症の人は、トイレに行きたいサインを早めに伝えるなどの望ましい行動をとると、尿意・便意はもとより排泄に関わる汚れなどの不快な刺激

が除去されたり、回避されたりする、ということが分かります。そして、それ以降に同じような行動、つまり、トイレに行きたいサインを早めに伝えるという行動をとる確率が高くなってきます。

今すぐ使える 家族支援プログラム

　家族支援プログラムの展開では、第4回の支援の中で、認知症の人とのコミュニケーションを学んでもらいます。具体的には、第3章6「4．望ましい行動を増やすための理解」（p142）を家族介護者に読んでいただき、望ましい行動を増加させる働きかけについて理解していただきます。
　そして、家族介護者が、望ましい行動を増やす「強化」を適切に行えるように支援していきましょう。

9 望ましくない行動を減らす
～「きっかけを変える」と「対応を変える（消去）」～

　認知症が進行してくると、認知症の人の行動（言動）の中で、家族介護者がとても対応に困る、あるいは、対応が大変な行動に対して、認知行動療法の中でも、特に行動に焦点を当てた支援を用いることができます。行動に焦点を当てた認知行動療法では、「A（行動の）前の状況、きっかけ、先行条件など」と、「B　行動（言動）」と「C　行動が起こった後に本人が回りから得る刺激、家族介護者の反応や対応など」の3つの要素に着目し、「B」を変えるために、「A」または「C」を変えるよう働きかけをします。
　ここでは、「対応に困ってしまう行動（軽減したい行動）」を軽減するために、「A」や「C」を変える、「消去」する方法について考えていきます。

 事例 9-1　持ち物の確認行動が繰り返される認知症の夫を介護する妻への支援

　Iさん（77歳、男性）は、元大手金融機関の重役で、認知症になってからも、次の日の予定を毎晩夕食後に妻に確認する習慣がありました。几帳面なIさんは、妻にデイサービスなど外出の予定を聞くと、自分から持ち物の準備を始めます。しかし、認知症が進んできてから、持ち物の判断がつかなくなって、テレビのリモコンをカバンに入れたり、毎回、儀式のように、カバンに持ち物を入れては出し、そして「お母さん、ちょっと見てくれ」といって妻に点検を求めることが一時間以上繰り返されるようになってきました。しかも、一晩寝ると、Iさんは、前の晩のことはすっかり覚えていません。テーブルの上に並べられている持ち物を見ても、「何でここに置いてあるんだ？」という調子でした。

第2章　認知行動療法を用いた家族支援の実際　73

解説

ターゲット行動を確定し、「A 先行条件やきっかけ」を変える

　Ｉさんは、何事にも準備を怠らない人で、退職してからも同じようにしてきました。ところが、認知症が進行するにつれ、最近の出来事を記憶する力が落ちてきてしまい、「自分が準備をした」ことを忘れるようになってしまったようです。しかし、きちんとした性格は保たれますので、常に、「今日は何日か、何曜日か」などの確認は怠りません。奥さんに日時を確認すると、カレンダーを見て、明日の予定を確認します。そのカレンダーに「明日は○○」などと予定が書いてあると、その準備を始めるのです。その上、不安な気持ちを払しょくするために奥さんに持ち物が十分か確認を求めます。一度きりや、数回ですめば、奥さんも付き合えたのですが、他にたくさんやることがあるため、何十回も同じ持ち物の確認をし直すのは、さすがに大変でした。

事例 9-1 のその後の支援と変化

　奥さんはこの状況を何とかしようと考え、デイサービスのスタッフやケアマネジャーと相談をしました。

　その結果、Ｉさんは、① 次の日の外出の予定を伝えた途端（A＝きっかけ）、持ち物準備の儀式が始まってしまう（B＝軽減したい行動）ので、外出のことは ② デイサービスの電話がきてから、「これからお迎えに来るんですって」と、当日に伝えるようにすることにしました。

　この方法でやってみたところ、Ｉさんはすんなり応じてくれ、事前に妻が用意しておいた持ち物をもって、わずか 15 分位でデイサービスの車に乗り込むことができました。

　このことがあって以来、奥さんは外出予定など、Ｉさんのこだわり行動を伴うことが予測されるスケジュールについては、カレンダーに書かないようにしました。それにより、Ｉさんが自分の予定について、前日から何時間にもわたって繰り返し尋ねてくることはなくなりました。

通所仲間への否定的評価が繰り返される認知症の母の家族介護者への支援

　Jさんは、デイサービスであった出来事を自宅に戻ってからよく話をする方でした。娘さんは、認知症のJさんの記憶力を少しでも維持してもらいたかったので、その話をいつも意識的に聞くようにしていました。ただ、このところJさんは、デイサービスの利用者の特定の方を「〜〜だからダメなのよね」と否定的に言うことが多く、人の悪口のような話は聞きたくないと思う娘さんの負担になっていました。そこで、娘さんは、そのことをケアマネジャーに相談してみました。

解説

ターゲット行動を確定し、「C 行動が起こった後に本人が回りから得る刺激、家族介護者の反応や対応など」を変える

　Jさんは、元来社交的で穏やかな人でした。しかし、家事や介護を担ってくれていた夫が先に亡くなり、認知症がさらに進行し、娘と同居するようになってから、環境の変化や周りからの刺激に対する反応が強く、不安や不満を強く表出するようになっていました。Jさんの認知症が進行し、直前の出来事についての記憶力が落ちてくると、今言ったばかりのことも忘れるようになってしまったようです。

　しかし、一日の中で最も大きな刺激を与えてくれる通所施設（デイサービス）での出来事は心に残り、その中でも特に不安や不満を感じたことは繰り返し話してしまいます。そのためデイサービスの利用者の中の特定の人のことが気になり、その人の否定的評価を繰り返し話してしまうのでした。娘さんは、Jさんが、できるだけ長く、安定してデイサービスに通所し続けてほしいという気持ちがある一方で、Jさんが帰宅後、デイサービスの特定の人の悪口を繰り返し話すことに付き合い続けるのが苦痛になってきていました。

事例 9-2 のその後の支援と変化

　相談の中で、Jさんとの会話を振り返ってみると、Jさんの話（B＝減らしたい行動＝他人の悪口）に対し、③娘さんが「そうなの」と同調するようにあいづちを打ち、Jさんの話を聞いている（C＝Jさんが行動に対して得ている結果、この場合は周りからの「快」の刺激）と、Jさんの「そうなの、それでね…」という悪口が続いてしまうこと（減らしたい行動が減ることなく、より増えている）に気がつきました。そこで、思い切って違う言い方をしてみることにしました。

　④Jさんが他の人の悪口を言い続けている同じような場面で、娘さんは、「年取ると皆そうなってくるのよ」という思いを込めて、「それは、かわいそうだね」と言って、それ

以上、言葉を続けませんでした（Ｃ＝Ｊさんの行動に対しての刺激が控えめである＝消去）。すると、Ｊさんは、いつものように、「それでね」と話を続けることなく、その話題を終えました。

娘さんは、Ｊさんのいつもと違う反応にびっくりしましたが、それで自信を得て、その後も、あまり好ましくない話題やＪさんの態度に対しては、さらっと一言程度返し、特別な反応を示さないようにする（消去）コツを覚えました。そして、逆に、好ましい話題や態度に対しては、言葉はもちろん、うなづきやあいづちで「快」を送り、行動が強化されるよう、普段の会話や対応で活用するようになりました。

ポイント解説

Ｉさんの事例（事例９－１）については、まず、「Ａ　（行動の）前の状況、きっかけ、先行条件など」を変えることによって「Ｂ　行動（言動）（軽減したい行動）」を変えられないかを考えます。

ポイント①　Ｉさんの事例（事例９－１）のターゲット行動（軽減できたらよい行動）を考える

Ｉさんの奥さんは、Ｉさんが何事にも準備を怠らない人であることは尊敬し、尊重してきましたが、認知症が進行した後も、Ｉさんが一日に何度も日時を確認し、翌日の予定を確認した途端に、持ち物の準備を始め、奥さんに確認を求めることが、何十回も繰り返されることがとても負担になっていました。

認知行動療法では、「ターゲット行動」を定め、それが変化できないかを考えます。Ｉさんの場合、Ｉさんが一日に何度も日時を確認し、翌日の予定を確認した途端に、持ち物の準備を始め、奥さんに確認を求めることが、何十回も繰り返される、この繰り返される一連の言動が、変化してもらいたい行動でした。Ｉさんの奥さんは、何とか回数を減らしてもらえないか、と感じていました。

ポイント②　Ｉさんの事例（事例９－１）の「（Ａ）先行条件やきっかけ」を変える

Ｉさんの奥さんは、支援者に促され、持ち物の確認行動について、それが始まる「（Ａ）きっかけ（先行条件）」は何かを考えてみました。すると、それは、「（Ａ）翌日の日時や曜日を伝え、予定を伝えること（Ｉさんが明日の予定を認識すること）」でした。

そこで、この「（Ａ）翌日の日時や曜日を伝え、予定を伝える」という言動は、前もってＩさんに伝える必要があるのかどうかを考えました。

Ｉさんがデイサービスに行ったほうがよいことは間違いなさそうです。デイサービスに通うようになってから、Ｉさんは、家にひきこもることはなくなり、生き生きとした表情を取り戻しました。また、Ｉさんに日時や予定を伝えることも、大切なことです。

一方、明日がデイサービスとわかった途端、カバンに持ち物を出し入れし、奥さんへの確認要求が何十回も繰り返されます。

このように総合的に見て、Ｉさんに前もってデイサービスに行く予定を告げる必要は必ずし

もないかもしれません。

そこで、支援者とIさんの奥さんは、デイサービスの予定を早く伝えないことにしました。デイサービスの電話がきてから「これからお迎えが来るのですって」と伝えることにしたのです。ここで行った変更は以下のようになります。

＜当初の状態＞

「（A）　デイサービスに行く日時を前もって伝える」（先行条件）

「（B）　何時間もデイサービスの準備行動と確認要求が繰り返される」（家族介護者が困る行動）

という今までのパターンを変えるために、（A）の先行条件を変更します。
そこで、

＜アドバイスの後＞

「（A）　デイサービスに行くことは、当日デイサービスからの電話が入ってから伝え、持ち物は奥さんが準備しておいたものをさっと手渡す」（新しい先行条件）

「（B）　さっとデイサービスのお迎えに応じる」（家族介護者にとって望ましい行動）

このように、まずは、（A）の先行条件を変更し、Iさんがデイサービスの予定を認識することに伴っていた、持ち物の準備行動と、確認要求を早々に引き出さないようにしました。

続いて、事例9－2について、Jさんの言動のあとの「C　行動が起こった後に本人が回りから得る刺激、家族介護者の反応や対応など」を変えることによって、「B　行動（言動）（軽減したい行動）」を変えられないかを考えます。

ポイント③　Jさんの事例（事例9－2）の「ターゲット行動」（軽減できたらよい行動）を考える

支援者とJさんの娘さんは、Jさんの行動分析をしました。娘さんの苦痛の原因となっている言動は何なのかを考えたのです。

変化してもらいたい行動（言動）を定め、それが生じているメカニズムを理解し、変化できないか考えます。Jさんの場合、一日の中で最も大きな刺激を与えてくれる通所施設（デイサービス）での出来事、その中でも特に不安や不満を感じたことを繰り返し話します。Jさんの娘さんにとって、デイサービスの特定の利用者の否定的評価（悪口）を繰り返し話されることが苦痛をもたらしていました。いくら母の話をよく聞いたほうがよいとはいえ、他人の悪口

に延々と同調している自分が苦痛になったのです。

ポイント④　Ｊさんの事例（事例9-2）の「(Ｃ) 結果（行動のあとに生じることがら）を変える

　支援者とＪさんの娘さんは、「(Ｃ) 結果（行動のあとに生じることがら」を工夫することにしました。
　Ｊさんは、デイサービスの特定の人の否定的評価を繰り返し話してしまうのでした。それに対して、娘さんは母の話をよく聞くようにしていたので、「えー」「そうなのね」「なるほどね」と、Ｊさんに「話をよく聞いてもらえる」という「快」の刺激を送っていることが分かりました。
　そこで、娘さんの話の応答の仕方を変えることにしたのです。

＜当初の状態＞

「(Ｂ) デイサービスで特定の利用者の否定的評価を繰り返し話し続ける」（家族介護者が困る行動）

「(Ｃ) よく話を聞き、大きな声であいづちを打ち続ける」（Ｃ 行動の後の結果、「快」の刺激になっている。そのため、Ｂの行動がより繰り返されることになる）

　という今までのパターンを変えるために、「(Ｃ) 結果（行動のあとに生じることがら）」を変更します。
　支援者とＪさんの娘さんは、「(Ｃ) 結果（行動のあとに生じることがら）」を工夫することにしました。デイサービスの特定の利用者の悪口を話し続けても、「さらりと話を聞かれる」という、あまり強くない刺激のみを送るように心がけました。

＜アドバイスの後＞

「(Ｂ) デイサービスで特定の利用者の否定的評価を繰り返し話し続ける」（家族介護者が困る行動）

「(Ｃ) あまりあいづちを打たない、さらりとした回答をする」（Ｃ 行動の後の結果、「消去」を試みる）

　このように、ターゲット行動（特定の利用者の悪口が繰り返される）がなされた後に得られる刺激が、Ｊさんにとって心地よいものから、それほど「快」刺激ではないものに変化します。このときに用いているのが、「消去」です。「消去」がなされると、そのターゲット行動は、軽減されていき、場合によっては、ターゲット行動はなくなります。

まとめ

認知症の人の行動は、〔A　きっかけ、先行条件（行動の前の状態や起こることがら）〕を変えること、や〔C　結果（行動のあとに生じることがら）〕を変えることによって、変化します。前項でも説明したように、アメリカでは 1970 年代からはじめられている試みです（中山 2009）。

望ましくない行動を減らすポイントは以下の3つです。

> （1）〔B　行動〕の引き金になる〔A　きっかけ、先行条件〕を変える。
> （2）〔B　行動〕が起こった後に〔C　結果＝「快」をもたらしている刺激〕
> 　　　 を減らしたり、無くしたりする。
> （3）〔B　行動〕の後に何も反応しない、控えめな反応しかしない（＝消去）。

以下の手順で考えていきます。

1　変化させたい行動を明確にする

「減らしたい行動」、つまり「望ましくない行動」を明確にします。「ターゲット行動」とも言います。

2　A：きっかけ、先行条件を変更する、整える

「望ましくない行動」を減らすために、〔A　きっかけ、先行条件〕をどのように変更する、整えるかを検討します。望ましくない行動、つまり、ターゲット行動が起こらないような環境や状況をつくるようにします。

3　C：行動の後の周りからの刺激を変更する

「望ましくない行動」が減る、あるいは、なくなるように、〔C　結果：認知症の人の行動の後に生じる刺激〕が何かを考えます。

認知症の人の場合、家族介護者からの関心が刺激であることが多いです。

「消去」は、望ましくない行動の後に、刺激を与えず、反応を示さない方法です。この方法は、「消去」の前に得られていた反応を再び得ようと、一時的に「望ましくない」行動が増えることがありますが、「消去」を続けていくことにより次第にその行動の起こる確率は低くなるとされています。

4　行動の後に周りから「不快」な刺激を与えるのは逆効果なので与えない

「望ましくない行動」を減らそうとして、行動の後に認知症の人が嫌がる行動、つまり、不快な刺激を与える行動をすることは逆効果です。例えば、ののしる、バカにする、体の一部を無理矢理ひっぱるなどです。これらは、一般には「罰」として認識される刺激です。このような行動は、認知症の人でなくても、その後の行動を減少することに役に立たないということが明らかにされてきています。

アメリカの家族支援プログラム（ピンクストン&リンスク 1984=1992）でも、「望ましくない」行動に代わる望ましい行動を「強化」し増やすという、「消去」と「正の強化」の両方を用いていく方法が指導されています。

そこでは、寝室のベッドで過ごす時間が過度に長い認知症の人への対応例が紹介されています。家族介護者は支援者と相談した上で、認知症の人が寝室で過ごす時間を減らそうと考えて、家族介護者が寝室に出入りする時間を減らし（A　先行条件を変える）、認知症の人が寝室で過ごしている間（B　望ましくない行動）は、できるだけ関心を示さないように（C　反応をしない＝消去）しました。その一方、高齢者が寝室から出てきたとき（B　望ましい行動）には、コーヒーを出し、楽しく過ごせるよう関心を示しました（C　「快」の刺激を与える＝正の強化）。このようにして、認知症の人が寝室で過ごす時間は減り、家族と交わる時間を増やすことができたとのことです。

事例９－１では、「A　先行条件」を変えることによって、「B　望ましくない行動」の軽減を試みました。事例９－２では「C　行動の後の結果、周りから得られる刺激」を変えることによって、「B　望ましくない行動」の軽減を試みました。

ここでは、認知行動療法の中でも、特に行動に焦点を当てた支援について見ました。行動に焦点を当てた認知行動療法では、「A（行動の）前の状況、きっかけ、先行条件など」と、「B　行動（言動）」（ターゲット行動）と「C　行動が起こった後に本人が周りから得る刺激、家族介護者の反応や対応など」の３つの要素に着目して、働きかけをしていきます。そして、「B」（ターゲット行動）を変えるために、「A」と（あるいは）「C」を変えるよう働きかけをします。

「A」も「C」も考えた上で、変えたほうがよいのですが、場合によっては、片方のみに注力をして、変化させ、「B」が変わる（よい行動が増えたり、対応に困る行動が減ったりする）ことをめざします。

今すぐ使える　家族支援プログラム

家族支援プログラムの展開では、第５回の支援の中で、認知症の人とのコミュニケーションを学んでもらいます。具体的には、第３章７「２．対応に困る行動が減るようになるための理解」（p149）を家族介護者に読んでいただきます。

家族介護者が、対応に困る行動を減らすべく、適切に「消去」の技術を使えるように支援していきましょう。

10 いつものパターンを変えてみる
〜 よい循環へのコミュニケーションの変化を起こすヒント 〜

　認知症の人と家族のやりとりで、いつも同じパターンの繰り返しで、お互いに辛くなってしまっているのではないか、と思われるものがあります。

　認知症の人が同じことを言う（尋ねる、確認する、など）、それに対して、家族の人が答える、それが繰り返されるうちに、家族の人の口調がだんだんぞんざいになり、きつくなってしまう、などのパターンです。

　2度や3度同じことを言われたり聞かれたりしているのであれば、家族介護者の人も穏やかに答えられるものの、それが数十回も繰り返されると、ぞんざいな口調になるのもいたしかたのないことかもしれません。しかし、家族介護者のイライラ感は、認知症の人を不安にさせてしまい、ますます、同じことを言ったり聞いたりするようになる、という「悪循環が生じている」と見ることもできます。

　ここでは、こうしたいつものパターンを変えて、よい循環へとコミュニケーションを変化させるためにどうすればよいのかを見ていきます。純粋な認知行動療法によるものではありませんが、関係あることとして読んでください。

事例 10　コミュニケーションが悪循環に陥っている認知症の母親と同居する娘への支援

　Kさん（72歳、女性）は、地方でずっと一人暮らしをしてきましたが、認知症のため一人暮らしが難しくなり、3年前から娘さん夫婦と同居しています。娘さんが仕事を持っているため、Kさんは、週4回のデイサービスに通っています。Kさんはこのデイサービスが張り合いになっており、そこでの様子を娘さんにいろいろと話をしてくれます。それを話すことは、Kさんにとっては脳の刺激になり、娘さんもKさんの楽しい様子が分かるのでよいことでした。

　しかし、娘さんが負担に思っていることがありました。それは、楽しみなデイサービスに行く朝、Kさんに、「デイサービスはいつ？」「ちゃんと支度しなくちゃね」と何回も繰り返し言われることでした。支度はもうしてあるにもかかわらず、5分おきに言われるので、もう参ってしまいます。また、もう一つは、送迎車の到着時間に近づくほど、Kさんが頻繁にトイレに行くことです。「また行くの？」と思わず言ってしまうほどトイレに通い、少なくとも5回は必ず行っています。そのたび、デイサービスの車をお待たせし

てしまうのではないかと娘さんのほうが焦ってしまうのです。

解説

いつものコミュニケーションのパターンと変化させたい方向を意識する

家族介護者がストレスを感じる認知症の人の行動の中でも「何回も同じことを言われる」や「同じ行動を繰り返される」が、一番多くあげられます。この困りごとの相談については、「認知症の人は、記憶障害により今言ったことを忘れ、心配や不安で何回も確認してくるのだから、その度に話を聞いてあげて答えましょう」というのが定番の回答です。しかし、3回ぐらいまでは我慢して答えられたとしても、何度も同じことを聞かれ、回答させられる家族介護者は段々疲れてきて、イライラしてしまいます。そうすると、認知症の人にもそれが伝わってしまい、関係が気まずくなったり、家族介護者が認知症の人へイライラをぶつけてしまって後悔したりするなど、悪循環になってしまう場合が多いのではないでしょうか。

Kさんと娘さんのやりとりは、あまりよくないパターンができあがってしまっています。このパターンに家族介護者がとらわれていることが、家族介護者の気持ちを暗くしてしまっている根本の原因かもしれません。このパターンに陥らないように違う反応をしてみたら、よいパターンに変換することができるかもしれません。

事例10のその後の支援と変化

Kさんの娘さんは、チャレンジ精神が旺盛な方でした。Kさんを傷つけず、同じことを続けて言われないようにするには、どうしたらよいのか支援者（担当ケアマネジャー）に話をして、コミュニケーションのパターンについて情報をもらい、Kさんとの会話と自身の心理状態について分析してみました。①Kさんからデイサービスの支度のことを言われたときに、娘さんが「また始まった」と思い、一瞬、自分の気持ちが暗くなって表情に出てしまうと、Kさんが「～～は大丈夫？」と質問を繰り返してしまうのではないかと考えました。そこで娘さんは、デイサービスに行く日の朝に、②自分が言葉を返す最初の瞬間にパワーを意識して、
「そうそう、大丈夫だから心配しないで」

「大丈夫」「大丈夫」と、いつもの言い方やトーンとは全く違った感じで言ってみました。そうしたところ、Ｋさんからは、いつものように立て続けに「～は大丈夫？」というような言葉が出ませんでした。
　このことは、娘さんにとっては「大成功」というくらい、喜ばしいことでした。いつも、Ｋさんから言われることが多く、受け身になっていた娘さんが、自分から切り開いていけたような達成感や自己効力感で、それまでとは全く気分が違ったのです。
　このことで娘さんは受け身でなく、自らが先手を取ることに好感触を得て、③トイレについても、Ｋさんが言う前に、「トイレに行って」と言ってみました。すると、Ｋさんは、「そうね」と、とても嬉しそうにトイレに行きました。実は、今までは娘さんが思わず「また行くの？」と言うと、Ｋさんは、バツの悪そうな顔をして、「ジュースがおいしかったからね」などと何回も言い訳のように言っていました。そのことについては娘さんも「かわいそう」「悪かったなあ」と思っていたので、Ｋさんがトイレに行くことが変わらないのであれば、こう言った方がお互いに気持ちよくいくと思いました。
　このような体験から、娘さんは、自分がいつものパターンにはまって嫌な気持ちになるよりも、自分の反応の仕方を変えることで、悩んでいたＫさんとのやりとりが全く違うものになることを学びました。
　そこから、娘さんはいろいろな発想が浮かんできました。極めつけは、ご主人にも協力をしてもらって、Ｋさんの繰り返しが始まったときに、ご主人から娘さん（妻）にむけて、「お母さんがそう言っているのに、ちゃんとしてあげなきゃだめじゃないか！」とわざと言ってもらったのです。すると、Ｋさんは、「大丈夫、ちゃんとやってもらっているから」と答えたのです。これには、娘さんとご主人は思わず顔を見合わせ苦笑してしまいました。

ポイント解説

ポイント①　コミュニケーションのパターンを認識する。

　Ｋさんの娘さんは、Ｋさんと自分とのコミュニケーションのパターンを振り返りました。これまで、同じようなやりとりの繰り返しになり、お互いが、嫌な気持ちになったり、疲れてしまうと思ったりするようなやりとりを思い返しました。そして、

> Ｋさん「デイサービスの支度をちゃんとしなくちゃね」「大丈夫？」
> 娘さん（心の中で）「また始まった」「いい加減にしてほしい」と思い、また、イライラしたり、不機嫌になったりする。
> Ｋさん（不安になり）「デイサービスの支度をちゃんとしなくちゃね」「大丈夫？」（と繰り返す）

　上記のようなパターンに気づき、このパターンを変えることにしました。

ポイント②　コミュニケーションのパターンを変える（家族介護者側の応答の仕方を変えてみる）

　これまで、Kさんの娘さんは、Kさんに「大丈夫？」などと言われるたびに、「大丈夫よ」などと答え、それが繰り返されると、次第に声が硬くなり、ぶっきらぼうになったり、うつむきがちになったりしていました。イライラや不満がたまってくると、そっぽを向いて、小さな声でブツブツ答えるようなこともありました。

　そのようなコミュニケーションのパターンを変えるため、娘さんは、いつもの言い方やトーンと全く異なる言い方で応答してみたのです。話始めの言葉にアクセントを置いて、「そうそう、大丈夫だから心配しないで」と声量も大きく、自信にあふれた堂々とした感じで言ってみたのです。それを受けて、Kさんは安心して、「大丈夫？」と繰り返して言うのをやめたのです。

ポイント③　うまくいった例外を見出し、そのときの状況を活用してみる。

　Kさんの娘さんは、これまで、Kさんより先に何かを提案したり、要求したりすることはほとんどありませんでした。しかし、ポイント②の場面で、話始めの言葉にアクセントを置いて、「そうそう、大丈夫だから心配しないで」と声量も大きく、自信あふれた感じで言ってみたところ、会話の悪循環のパターンの例外を体験できました。そこで、別の場面でも、同じように、話始めの言葉にアクセントを置いて、声量も大きく、自信にあふれ、堂々とした感じで、「トイレに行って」と先に言ってみたのです。すると、Kさんは、「そうね」ととても嬉しそうにトイレに行ったのでした。

　このように、ここでもコミュニケーションのパターンは好循環となる結果になりました。お互いが気持ちよく会話を終えることができたのです。

まとめ

　いつものパターンを変えることで、Kさんから今までと全く逆の言葉を聞くことができ、娘さんはKさんとのこれからの暮らしに希望を持つことができました。

　認知症の人とのコミュニケーションがうまくいかない場合、往々にして認知症の人と家族介護者が「いつものパターン」にはまって抜けられず、悪循環に陥っていることがあります。この悪循環から抜け出す方法については、次のポイントを参考に好循環に変えていけないか考えましょう。

1）いつものコミュニケーション・パターンを認識する。
2）コミュニケーションのパターンに変化を起こす。
3）うまくいった例外はないかに着目し、例外のときの状況を繰り返してみる。

1 いつものコミュニケーション・パターンを認識する

コミュニケーションがどのように悪循環に陥っているかに着目し、自分たちのコミュニケーション・パターンを認識します。

2 コミュニケーション・パターンに変化を起こす

悪循環に陥っているようなコミュニケーション・パターンに変化を起こそうとします。例えば、いつも認知症の人から繰り返し言われていることについて、逆のパターンで、家族が先に言ってみます。このような会話のパターンを逆転させることなどはかなりの威力を発揮し、本人が、「言われなくてもわかっている」などの反応を示すこともあります。

3 うまくいった例外はないかに着目し、例外のときの状況を繰り返してみる

人は問題が起きると、どうしてもダメなところに目が向いてしまい、いつもうまくいっていないように思いがちです。しかし、よく考えるとその問題が現れていないときもあるものです。例外のときにはうまくいっている可能性があります。そこで、例外が起こったときの家族介護者の対応や周りの状況などを認識し、同じような対応や状況を繰り返し、「良循環」をふくらませていきます。

例えば、いつも「腰が痛い」と訴えている認知症の人がいたとします。そのような痛みの話を延々聞くことは、家族介護者もつらいときがあります。そこで、支援者は、家族介護者に認知症の人が「痛い」と言わない例外の時間帯はないかを尋ねるとよいでしょう。

支援者　　　：「痛いという訴えのない時間帯はありますか？」
家族介護者：「そういえば、デイサービスに行っているときは痛いと言わないようですね。また、テレビで好きな相撲を見ているときも痛いという訴えはないですね」
支援者　　　：「何かしているときや、好きなことに集中しているときは痛みを忘れるのかもしれませんね。好きな時間やものごとに集中できる時間を増やせるとよいですね」

このように、「いつも痛い」と思っていても、「痛くない」例外があることは多いものです。そのような例外のときの状況や対応を認識し、それらを行うことによって、「例外」だったはずの、痛みや痛みについての訴えのない時間を増やしていきます。

家族は多くの時間を一緒に過ごすので、家族メンバー間でコミュニケーションのパターンができあがっていることが多くあります。同じ2者の間の会話は、焦点を当てているテーマが異なっても、結局同じようなやりとりになる、というようなことです。

認知症の人と家族介護者の間のコミュニケーション・パターンは、認知症の人の進行状態に応じて変化してはいくものの、よい方向に変化するとは限りません。コミュニケーションのパターンが硬直化し、それが双方にとってしんどいやりとりの繰り返しになっているときには、本節で示したように、「いつものパターン」について振り返るとよいでしょう。

そして、そのような「いつものパターン」から抜け出すために、家族介護者の応答の仕方を思い切って変えてみることを検討してください。あるいは、その前に、「例外的に認知症の人とのやりとりが心地よく終わったとき」などを考え、そのときの状況を思い出し、認知症の人

の言動に対して家族介護者がどのように言ったのか、どのように対応したのかを思い出しましょう。そして、それを応用していくことを検討するとよいでしょう。

今すぐ使える 家族支援プログラム

　家族支援プログラムの展開においては、第5回の支援の中で、認知症の人とのコミュニケーションを学んでもらいます。具体的には、第3章7「4．いつものパターンを変えることの理解」（p154）を家族介護者に読んでいただきます。

　そして、家族介護者が、いつものコミュニケーション・パターンに変化を起こし、しんどいやりとりの改善につなげていけるように支援していきましょう。

第3章

家族支援プログラムの展開

　本章では、具体的な認知症の人の家族支援プログラムの展開について解説します。また、そこですぐに使える配布資料・ワークシートも紹介しています。これらは、このままコピーして用いてもらって結構です。また、必要に応じて修正して使用していただいて結構です。

　ただし、第4章で紹介するように、効果的な認知症の人の家族支援プログラムは、一定以上の期間・回数が必要とされ（注：個別の訪問型プログラムで、6回未満の訪問回数のものは効果が見られなかった）、また、効果的な家族支援プログラムに必要とされる内容と提供方法が明らかにされつつあります（注：行動マネジメント法など、認知行動療法に基づく内容が含まれるものには効果が見られたものの、それ以外の方法は、概ね効果が見られなかった）。そこで、まずは本章で紹介している内容についてあまり省略せずに活用することをお勧めいたします。

家族支援プログラムの概要

1．プログラムの目的・流れ

1　はじめに

　家族が、認知症になってしまった家族を心配したり、「こうあってほしい」と思うのは、本人を大切に思い、家族の一員として一緒に暮らしていきたいと思うからこそ強く感じるものです。

　認知症の人の介護では、こうした家族の思いが本人に伝わりづらく、本人から思うような反応が得られないことも多いでしょう。本人の反応に戸惑ったり、悩んだりすることも多くなり、家族のストレスが高まってしまうことがよく見られます。

　一方、認知症の人（本人）からみると、認知症が進行するにつれ、理解力が低下し、伝えたい言葉が思い浮かばなくなるなど、周りとのコミュニケーションがだんだん難しくなります。家族から言われていることが理解できず、「責められている」と感じ、そのことが本人の不安や焦り、感情の揺れを引き起こしたり、強めたりします。このような状況の中で、本人と家族・その他の周囲の人との関係が悪循環に陥ることもしばしばあります。

　家族が本人を大切に思う気持ちが効果的に伝わるようになれば、両者の関係はよい循環につながっていきます。「本人が、人生の最後まで、大切な家族の一員として過ごすことができるように」「家族の本人にかかわる努力や思いが、よりよいコミュニケーションにつながるように」「家族が自分自身を大切にして、本人とどのように向き合っていけばよいのかを考えるきっかけになるように」

　このようなことを願い、この家族支援プログラムを作成しました。

2　プログラムの目的

家族支援プログラムの目的は、
1）認知症の人が安定した生活を続けられるように支援すること
2）認知症の人の困りごとに、家族介護者がよりうまく対応できるように支援すること
3）家族介護者の介護負担感や気分の落ち込みなどが、少しでも軽減できるように支援すること
4）家族介護者が、少しでも、介護に肯定感を持ち、穏やかな気持ちで認知症の人との生活を続けられること
5）家族介護者が、周りの人々や、社会資源をよりうまく活用できるようになること

などです。

3　プログラムの概要

1	実施期間	：概ね6か月（24週間）です。
2	訪問	：毎月（約4週間単位で）、前半に1度、訪問をします。
3	訪問セッションの時間	：1回の訪問は概ね90分です。
4	電話セッション	：訪問後、2週間くらいしたところで電話をします。
5	電話セッションの時間	：1回の電話セッションは概ね20分です。
6	回数	：訪問と電話セッションを交互に6か月間実施します。つまり、家庭訪問を6回、そして、電話を6回かけます。

4　プログラムの実際の流れ

表3－1　「家族支援プログラム」の流れとねらい

回数	テーマ	ねらい	用いる配布資料・ワークシート
オリエンテーション	プログラムの説明、認知症の人と家族の状況、困りごとなどの確認	家族支援プログラムのすすめ方を説明し、認知症の症状や障害の特性について把握する	表3－2（p98）
第1回	家族介護者がたどる心理的ステップの理解、つながりの再確認、合わせ鏡、介護者のサポート環境	介護者が心理的ステップのどの段階に該当するのかおよび各自の心理的ステップにおけるポイントを把握する	表3－3（p103）、3－4（p107）、3－5（p112）
第2回	認知行動療法とモニタリングシート、介護肯定感	考え－感情－行動の関係の理解、モニタリングシートの記入要領を把握し、作成をはじめる	表3－6（p117）、3－7（p122）図3－6（p118）
第3回	認知症の人の主観的世界を知り、同じ世界に立つ、「現在位置」の確認	介護者の視点からでなく、認知症の人はどのように考え感じているのか理解する。家族の期待は横において、認知症の人の「現在位置」の確認を行い、その考え方を日常場面に活かす	表3－9（p127）、3－10（p131）
第4回	認知症の人の心理とコミュニケーション　会話で「快」を送る	「快」を送るコミュニケーションについて理解し、会話の方法を身につける（ロールプレイなども行う）	表3－11（p138）、3－12（p146）
第5回	認知症の人の「望ましくない」行動を減らす。いつものパターンを変えてみる	認知症の人の行動を確認し、「望ましくない」行動や「いつものパターン」を確認する。その問題を変えるための家族の対応の仕方を検討する	表3－13（p153）、3－14（p156）
第6回	第1回～第5回のプログラムの振り返り	各回で行った内容やプログラムで得たことを再確認し深める	なし

＊この順番は例示です。順番が前後したり、回数が増えてもかまいません。

5 モニタリング記録について

　家族には、家族支援プログラムに参加の期間中、表3－6のモニタリングシートへの記録をお願いします。

　少なくとも、2か月目の訪問のときには、モニタリング記録について説明をします。その後、セッションとセッションの間に最低3日、モニタリングシートを記入していただきます。その記録をもとに、毎回、訪問や電話セッションを行います。

　この家族支援プログラムは、日常場面での本人とのやりとりで家族が困った場面を取り上げ、それに対する家族の考え、感情、対応とそれらの関係性について、モニタリング記録を通じ把握していきます。認知症の人との日常生活場面で直面する困った問題を解決し、介護負担感（＝家族の否定的感情）を軽減していくために、この家族支援プログラムでは、認知行動療法（行動マネジメント法）を用います。

2．訪問・電話セッションの流れ

1　訪問セッションの流れ

1回の訪問セッションの大まかな流れは以下のとおりです。

（1）前回の訪問（電話）以後の振り返り
　　対応に困った点や疑問点、対応がうまくいった点、これから活かしていける点について、話し合いをします。
（2）配布資料、ワークシートなどによる情報提供
（3）今回取り上げたい場面、ことがらを決め、それについての話し合い
　　モニタリング記録に沿って、場面、困ったこと、家族介護者の考え、感情、対応などについて整理します。どのような対応が介護負担感の軽減につながるかについて検討します。
（4）実際の場面の練習（行動のリハーサル）
　　練習が可能であれば、実際の場面を想定して、行動リハーサルをしてみます。支援者（ケアマネジャーなど）が本人（認知症の人）役、家族は家族役として、ロールプレイをします。そのときに、どのような声かけをするか、本人（認知症の人）はどのような反応をするかを確認します。
（5）介護に関する課題や行動の目標について決める
　　次回のセッションまでに、どのようなことに取り組むかを検討し、決めます。
（6）本日のまとめ

2　電話セッションの進め方

1回の電話セッションの大まかな流れは以下のとおりです。

（1）前回の訪問セッション以後の振り返り
（2）今回取り上げたい場面、ことがらを決め、それについての話し合い
　　モニタリング記録を読み上げてもらいながら、場面、困ったこと、家族介護者の考え、感情、対応などについて整理します。どのような対応が介護負担感の軽減につながるかについて検討します。
（3）介護に関する課題や行動の目標について決める
　　次回の訪問セッションまでに、どのようなことに取り組みたいかを検討します。
（4）本日のまとめ

2 プログラムの展開：オリエンテーション

1．オリエンテーションの流れ

1　はじめに

　認知症の人の家族介護者支援プログラムは、家族への支援プログラムです。通常は、家族介護者一人に対して提供します。これまで、日本において、認知症の人本人を対象としたプログラムは数多くあっても、家族介護者を対象としたプログラムはそれほど実践されてきませんでした。このようなプログラムの提供を受けることは、家族介護者にとっても初めてのことが多いでしょう。そこで、プログラムの目的や内容を、家族介護者に事前に丁寧に説明します。

2　オリエンテーションの流れ

　オリエンテーションでは、

（1）自己紹介とあいさつ
（2）プログラムの目的の説明
（3）プログラムの概要（枠組み）の説明
（4）プログラムの流れの説明
（5）認知症の人と家族介護者の状況の把握
（6）認知症の特性を把握する
　　「3．認知症の特性を把握する（p95〜97）」
（7）認知症の人の状態を想像して共感する
　　「表3−2　認知症の人の世界を想像してみましょう（p98）」

などの順番で進めます。

2. プログラムの説明・認知症の人と家族のアセスメント・信頼関係の構築

1 プログラムの説明

プログラムの説明では、(1) プログラムの目的、(2) プログラムの概要（枠組み）、そして (3) プログラムの流れを説明します。

プログラムの概要の中で、実施期間が概ね6か月であることや、標準的な接触頻度（訪問セッションを月に1回と、電話セッションを訪問セッションの合間に1回、合計月に2回の頻度で直接やりとりすること）などを説明します。また、2回目の訪問以降からは、家族介護者は、認知症の人と家族介護者の間で生じた出来事と、それによって生じた家族介護者の考え・感情・対応（言動）などを、定められた様式（モニタリングシート）に記録（モニタリング記録）してもらうことなどを説明します。

2 認知症の人と家族介護者の状況、介護における課題や強みの確認

オリエンテーションでは、家族介護者との面接を行い、認知症の人ともお会いし、(1) 認知症の人の状態、(2) 家族介護者の状態、(3) 在宅介護における課題、(4) 在宅介護における強み、(5) 家屋の状況、在宅生活の状況、などを確認します。

このプログラムを実施する人は、介護保険の介護認定調査などで得られる情報はすでに有していることが多いのではないかと思われます。しかし、そのような情報がない場合には、認知症の人の要介護状態、日常生活自立度、などについても把握します。

認知症の人によっては、通所施設、あるいは、短期入所施設を利用しているときの様子と自宅での様子がかなり異なることがあります。そこで、通所施設や短期入所施設等での様子から安易に「認知症の人の状態は分かっている」と判断せず、丁寧に自宅での様子を聞き取ります。

 自宅における認知症の人の様子を把握します

認知症の人と家族介護者の支援をするときに、在宅介護における課題やニーズなどをまずは把握します。しかしつい、課題やニーズばかりに目がいきがちになります。認知症の人が家族介護者とともに在宅で生活できているということは、認知症の人の強みであり、また、家族介護者に強みがあることを意味します。それぞれ、何が強みかということをも把握します。

そして認知症の人の在宅生活を支えるにあたって、家屋の状況や在宅生活の状況、すでになされている工夫、今後、なされるとよいであろう工夫などについて把握していきます。

3 認知症の特性を把握し、認知症の人の状態を想像して共感する

オリエンテーションでは、さらに、認知症の特性を把握します。「3．認知症の特性を把握する」などを活用し、家族介護者とともに、認知症の人の中核症状、周辺症状、生活障害など

の理解を深めます。そして、認知症の人がどのような状態にあるのかを聞き取り、把握します。

続いて、認知症の人の状態を想像して共感します。「表3-2　認知症の人の世界を想像してみましょう」への回答を依頼するなどして、家族介護者に、認知症の人の世界を想像してもらいます。表3-2は、その場で手渡しをして、質問項目を読みながら、家族介護者には、口頭で回答をしてもらうとよいでしょう。あるいは、家族介護者の回答を受けて、支援者がその場で記入してもよいです。

4　信頼関係の構築

プログラムの概要の説明や認知症の人と家族のアセスメントなどを通して、支援者は、家族介護者との信頼関係を構築していきます。家族介護者が、認知症の人の困りごとについて話を始めて長くなるかもしれません。そのようなとき、家族介護者の話をできるだけさえぎらず、傾聴と共感をしていきます。支援者は、このプログラムを提供していく中で、徐々にさまざまな情報提供や助言をしていくのですから、オリエンテーションの段階で、早急にたくさんの情報提供や助言をするのは避けましょう。早すぎるアドバイスの提供は、信頼関係の構築を阻害すると言われています。まずは、「この家族介護者の立場だったらどんな気持ちになるだろう、どれだけ大変だろう」とその人の立場における気持ちを感じ取り、共感します。そのためにも、適切なアイコンタクト（視線を合わせる）、うなずき、共感的なまなざしや表情を示すことなどを大切にしましょう。

3．認知症の特性を把握する

認知症は、いろいろな原因で脳の細胞が損傷し、精神機能が低下し、さまざまな障害が起こり、日常生活をする上で支障が出てくる病気です。

認知症の進行に伴い、認知症の人に共通に現れるのが中核症状です。この中核症状とともに、周辺症状（行動・心理症状＝BPSD）と呼ばれる、家族を悩ませるさまざまな症状が出てくることがあります。また、今までできていた生活行為が一人では難しくなってくる、生活障害も見られるようになります（図3-1）。

健康な人は、それまでの人生で培ってきた経験や、得てきた知識を積み上げ、記憶として定着させ、活用することによって、ものごとを判断し、行動することができます。これは「足し算の世界」と言うことができるでしょう。

一方、認知症の人は、新しいものごとを記憶することが難しくなります。また、一般に、一度得たはずの記憶を徐々に失っていきます。そのため、ものごとを判断したり、行動したりすることが難しくなります。自分や周囲のものごとについての認識も不確かになり、情報を徐々に失うので、不安になり、混乱してしまいます。これは、「引き算の世界」と言うことができるでしょう。認知症の人は、「引き算の世界」で生きています。家族介護者は、「足し算の世界」の感覚のままで認知症の人を見るのではなく、認知症の人が「引き算の世界」にいることを踏まえて接することが大切です（図3-2）。

1　中核症状

中核症状には、記憶障害、見当識障害、理解・判断力の低下、実行機能障害などがあげられます。

（1）記憶障害

記憶は、最近の記憶から徐々に失っていき、古い記憶は比較的保たれます。今聞いたばかりのことを忘れるので、何度も同じことを尋ねてくるようになります。また、「何のおかずを食べたか」を忘れるというより、「食べた体験」自体を忘れてしまうようになります。

（2）見当識障害

現在の年月、時刻、場所などを認識する能力がだんだん失われていき、時間や季節感が薄れ、自分のいる場所が分からなくなります。進行すると、自分の年齢や周りの人との関係が分からなくなってしまいます。

（3）理解・判断力の低下

ものごとを理解する力、考える力、判断する力など、知的な働きをする力が次第に低下していきます。考えるのに時間がかかるようになり、一度に複数のものごとを考えることが難しくなります。

（4）実行機能障害（遂行機能障害）

まとまりのある活動や行動を、計画を立てて、段取りを立てて実行する力が低下してきます。例えば、料理などが難しくなります。一つひとつの料理の作業をする力はしばらく維持されますが、一人で複数の料理の品を作っていくことなどは難しくなります。

 何度も同じことを尋ねられたり、会話がかみ合わなかったり、今までできていたことができなくなったりします。

図3－1　認知症の人の抱える症状

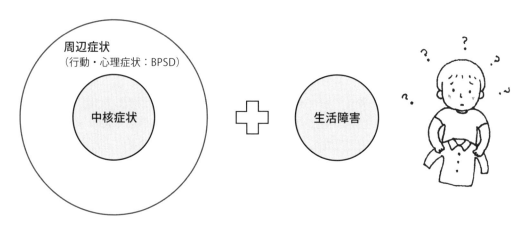

2 周辺症状（行動・心理症状＝ BPSD）とは

　1の中核症状のため、状況がつかめず、不安・焦燥、うつ状態などの感情の変化や、幻覚・妄想などの精神症状が出てくることがあります。また、興奮したり、攻撃的になったり、周りには理解しにくい形で出かけてしまったり（徘徊と呼ばれます）、汚物などをむやみにさわってしまったり（不潔行為と呼ばれます）して、日常生活への適応を難しくする行動上の問題が起こることがあり、これらを行動・心理症状（BPSD）と呼びます。これらの症状が家族介護者を最も悩ませます。

　周囲の対応、生活環境、心理的なストレスが、これらの症状の引き金となり、悪化させることが多いと分かってきています。そこで、周囲の対応と生活環境を工夫して、これらの症状が悪化しないようにしていくことが、認知症の人と家族介護者の双方にとって、メリットのあることとなります。

 認知症の人の介護が他の介護と違って特別に大変なのは、この行動・心理症状への対応があるからです。

3 生活障害

　服の着方が分からなくなる、トイレ（排泄）がうまくできなくなる、お風呂の入り方が分からなくなるなど、日常生活が一人では難しくなり、介護する人は、このお世話や後始末が大変になってきます。

図3－2　認知症の進行と記憶

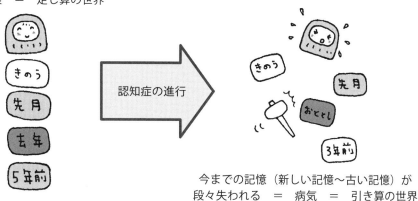

表3－2　認知症の人の世界を想像してみましょう

1）認知症の人の「引き算の世界」を想像できますか？　疑似体験できますか？　イメージしてみましょう！
（例）急に、外国の全く言葉の分からない土地に自分がいる場合、など

2）認知症の○○さんが「足し算の世界」から「引き算の世界」に入っていることについて、日頃の様子を振り返り、思い当たることはありますか？
＊その際、家族介護者は「足し算の世界」の感覚を基準に考えるのでなく、「引き算の世界」にいる認知症の人の症状や障害のつらさについて考えてみましょう。

3）周辺症状（行動・心理症状＝BPSD）で、家族介護者が困っていることはありますか？

4）生活障害（日常生活上の障害）では、どのようなことがありますか？

3 プログラムの展開：第1回の支援

1．第1回のねらいや内容

　第1回の訪問セッションでは、家族介護者の身体的、心理的、社会的状況の把握と、認知症の人との関係性を振り返り、理解を深め、サポート環境を整えられそうなところから整えていきます。
　第1回の訪問セッションでは、
　　（1）家族介護者がたどる心理的ステップの理解
　　（2）つながりの再確認
　　（3）認知症の人と家族介護者の心は合わせ鏡であることの確認
　　（4）介護者の健康度、ゆとりの把握と、サポート環境の見直し
の4項目を取り扱います。
　盛りだくさんなようですが、第2回の訪問セッション以降はプログラムの中核的な部分—認知行動療法を用いた介護者支援プログラム—に入りますので、その前に、まず、家族介護者の身体的、心理的、社会的状況を把握し、認知症の人と家族介護者の間の関係性を理解し、サポート環境を整えます。

1　家族介護者がたどる心理的ステップの理解

　まず、第1項目として、家族介護者がたどる心理的ステップの理解を提示します。介護は、子育てと異なり、いつまで続くのかがわからず、先が読めないのが特徴です。そのため、家族介護者は不安が募り、無力感を感じたり、絶望的な気持ちになったり、孤独感を強めたりしがちです。介護が何年かかるかは誰にも正確な予測はできないとしても、家族介護者がたどる心理的ステップはおおよそわかってきています。そして、そのようなステップの各段階をスムーズに移行していったほうが、家族介護者にとっても利点が多いことがわかっています。そこで、家族介護者には、一般的に家族介護者がたどる心理的ステップを知ってもらい、自分がどのステップにいるのかを考えてもらいます。

2　つながりの再確認

　それから第2項目として、つながりの再確認をしてもらいます。この項での「つながり」とは、認知症の人の以前の様子と、今現在の様子との間のつながりのことです。

認知症の進行により、認知症の人と家族介護者との関係は変化せざるを得ません。例えば、「病弱な妻と、そのような妻をいたわる、頼もしくて明るく元気な夫」という関係であった夫婦でも、夫が認知症になることにより、「夫の一挙手一投足に声かけを行う妻と、日常生活全般の動作がたどたどしい夫」、という関係になったりします。あるいは、「いつも笑顔で励まし、家事全般をこなしてくれた働き者の母と、そのような母を慕い、独身のまま同居を続けてきた勤勉なサラリーマンの息子」の親子関係が、母が認知症になることにより、「家事も身の回りの世話もほとんどできなくなり、日がな一日ぼーっと過ごす母と、仕事と母の介護と家事を必死に一人でこなす、余裕のない息子」、という関係になったりします。

　家族介護者は、認知症の人が以前のような人ではなくなり、認知症の症状や障害によってできないところばかりに目がいくようになることもあるでしょう。しかし、認知症がどれほど進行しても、認知症の人には「その人らしさ」を感じさせる瞬間があるでしょう。例えば、妻や子どもをいたわる言葉かけやうれしいときの笑顔、ふとした照れ笑いの瞬間などです。そのような認知症の人のその人らしさを思い起こし、認知症の人の以前の様子と現在の様子のつながりの再確認を行います。

3　認知症の人と家族介護者の心は合わせ鏡であることの確認

　次に第3項目として、認知症の人と家族介護者の心は合わせ鏡であることの確認をします。例えば、家族介護者の心の状態が、落ち着かず、否定的な状態にあると、認知症の人の心も、まるで合わせ鏡のように、落ち着かなく、否定的な状態になりがちです。認知症の人の介護は確かに大変で、その上、家族介護者は介護以外にも生活をしていく上でさまざまなストレスにさらされます。そのような状態にあっても、うまくストレスへの対処をして、家族介護者ができる限り健康的な精神状態でいることはとても大切です。家族介護者の心身の状態が健康で、前向きでいればいるほど、認知症の人の状態は落ち着いた状態を維持すると言われているからです。

4　介護者の健康度、ゆとりの把握とサポート環境の見直し

　最後に第4項目として、家族介護者の健康度、ゆとりの把握とサポート環境を見直します。家族介護者の心身の状態がよく、気持ちにゆとりがあるほうが、認知症の人も安定した状態で生活を続けることができます。そこで、家族介護者の心身の状態を確認し、気持ちのゆとりを得るために、どのような工夫をしているかを振り返ります。あるいは、気持ちのゆとりをどのように得ることができるかを考えます。そして、サポート環境の確認を行い、サポートを増やし、手厚くするために、周囲からの支援を得られないかどうかなどを考えます。

2．家族介護者がたどる心理的ステップの理解

　大切な家族が認知症になり、介護を要するようになると、家族は、「介護者」として日々、さまざまな感情を抱えます。第1章で解説したとおり、家族介護者は、「4つの心理的ステップ」をたどりながら認知症の人を家族の一員として受け入れるようになると言われています。

　家族介護者は、図3－3の4つのステップを行きつ戻りつ、紆余曲折をたどりながら進み、途中の段階で介護を終える場合もあります。その過程は人それぞれです。どの段階にいるからよい、悪いということではありません。家族介護者にとって最もつらい段階は、第1から第2ステップと言われています。この時期をなるべく早く切り抜け、ゆとりの出てくる第3ステップに至ることができると、介護のコツやペース配分がつかめ、以前より介護の負担感が軽くなってきます。

　認知症の人の介護生活において家族介護者がたどる心理的ステップを知り、自分が今どの段階にいるかを大まかに把握することによって、少しでも先の見通しを持てると、介護者の気持ちが違ってくるのではないでしょうか。

　家族介護者の心理的ステップの段階を確かめるために、表3－3「家族介護者のたどる心理的ステップ・自己チェックシート」を記入してもらいましょう。

　このチェックシートには、4つのステップ（「とまどい、否定の時期」「混乱、怒り、拒絶、抑うつの時期」「あきらめ、割り切り、適応の時期」「理解、受容の時期」）それぞれに、3～5個の質問項目があります。当てはまる項目には、右の□欄にチェックを付けてもらいましょう。記入するときに、「過去にそのような心理的状態だった」項目はチェックせず、「現在そのような心理的状態である」項目のみにチェックしてもらうとよいでしょう。そのほうが、家族介護者がどのステップに当てはまるかが判断しやすくなります。

 過去ではなく、現在の状態で自己チェックしてもらいます。

　記入をしてもらった後、支援者と家族介護者で回答を確認しながら、家族介護者がどの心理的ステップの段階にいるのかを話し合いましょう。

　とても判定しやすい回答をされる人の場合は、ある特定のステップ段階の項目にチェックが複数入り、他のステップ段階の項目にはチェックが入らないでしょう。しかし、多くの人は、それほど単純ではないかもしれません。複数のステップ段階に、それぞれ複数のチェックが入る人もいるでしょう。

　いずれにしても、より多くの項目にチェックが入ったステップ段階があれば、家族介護者は当該ステップ段階の心理的状態にいる可能性が高いです。一方、少しであっても、より上位のステップ段階の項目にチェックが入ったのであれば、家族介護者は、より上位のステップ段階への移行期にあると判断してよいでしょう。

　支援者は、家族介護者がよりスムーズに上位のステップへ移行していけるよう、支援をして

いきます。

図3-3　4つの心理的ステップ

第1ステップ：　とまどい　　否定

悩みを肉親にすら打ち明けられないで、一人で悩む時期

・認知症の人の言動に戸惑い、否定しようとする。

⬇

第2ステップ：　混乱　　怒り　　拒絶　　抑うつ

一番つらい時期

・認知症の理解が不十分なため、どう対処してよいか分からず混乱し、ささいなことで腹を立てたり、叱ったりして、振り回される。家族介護者の被害者意識が強くなる。
・精神的、身体的に疲労困ぱいして、認知症の人を拒絶しようとする。

⬇　～行きつ～戻りつ～紆余曲折～

第3ステップ：　あきらめ　　割り切り　　適応

同じ認知症の症状でも問題化することが減る時期

・家族介護者は「あきらめの境地」に至る。
・何とか折り合いをつけ、自分のペースで介護できるようになる。
・介護サービスを利用して任せられるところは任せる。

⬇　～行きつ～戻りつ～紆余曲折～

第4ステップ：　理解　　受容

あるがままの認知症の人を家族の一員として受け入れることができるようになる時期

・認知症の理解が深まり、認知症の人の心理を自分に重ねることができるようになる。
・自己の介護経験を価値あるものとして感じられるようになる。

表3-3 家族介護者のたどる心理的ステップ・自己チェックシート

> 問　自分の気持ちや考えに該当するのはどれですか。✓をつけてください。
> ご自身が心理的ステップのどの段階にいるのかを考えてみましょう。

該当する
ものに✓を

1）とまどい、否定の時期

① まさか認知症では？　そうだったらどうしよう？　☐

② 本人や他の家族に認知症のことをどう伝えたらいいのか不安で、悩んでしまう。　☐

③ もう年なのだから誰にでも呆けは多少ある。昔からの性格もあるし、病院に連れて行くほどひどくはないと思う。　☐

2）混乱、怒り、拒絶、抑うつの時期

① さっき言ったばかりなのに、何回も聞いてきて、介護者を困らせようとしているのか？　☐

② まだできることは教えたり、正したりして、しっかりさせて進行を遅らせたい。　☐

③ 病気だと思っても、つい、苛立ってしまい、言い返してしまい、あとで後悔する。　☐

④ しっかり介護ができないのは、自分が悪いせいだと思い、自分を責めてしまう。　☐

⑤ このままでは、介護者である自分もおかしくなり、どうしたらいいか分からない。面倒をみきれない。　☐

3）あきらめ、割り切り、適応の時期

① 言っても通じないので、怒ったり、イライラするのは無駄、仕方ないと割り切るようにしている。　☐

② 本人に余計なことは言わず、本人の好きにさせておくようにするしかない。　☐

③ なるようにしかならない、自分の役割としてやれることをやっていくしかない。　☐

④ 自分（介護者）はよくやっていると思う。　☐

⑤ 家族が共倒れしないように、介護サービスを利用して何とかやっていくことを考えたい。　☐

4）理解、受容の時期

① 呆けても、昔のしっかりしたところや○○さんらしさが残っていて、学ばされる（○○さんのよい面に助けられ介護ができている）　☐

② 病気の本人がかわいそう、なるべく混乱や不安のないようにしてあげたい。　☐

③ 介護者が怒ると、本人が動揺することが顔つきや態度で分かるので、本人の気持ちを察して接するようにしている。　☐

④ 介護を通じ、人生についていろいろ学ばされ、それを○○さんが教えてくれたと思う。　☐

⑤ ○○さんを人生の最期まで自分が看てあげたいと思う。　☐

3．つながりの再確認を行う

1 認知症の進行と関係性の変化
　認知症が進行してくると、家族介護者は元気だった頃と現在の様子を比較してしまい、認知症の人の現在の状態を受け入れ難く感じてしまいます。本人との関係性も、病気になる前となった後では、大きく変化せざるを得なくなります。

2 つながりの再確認
　認知症が進行し、本人の様子が過去と変わってしまっても、現在の認知症の人の中に、元気だった頃と同じ「その人自身（その人らしさや思いなど）」が感じられ、過去と現在の本人がつながっていると実感する体験、「つながりの再確認」が、認知症の人を受け入れていく上で重要なポイントであると言われています。例えば、第1章「家族介護者がたどる4つの心理的ステップ」のSSさんの事例でも、「（4）理解、受容の時期」に、言葉が理解できず、会話もできなくなった認知症の人（SSさん）が娘婿たちと酒を酌み交わす場面で、家族介護者（SSさんの奥さん）が「そこに元気だった頃と同じ夫が確かにいる」と実感し、つながりの再確認をしていました。
　複数の介護経験者の体験談を分析した研究によると、認知症の人（被介護者）が認知症であることを頭で理解しようとしながらも、感情的には受け入れがたいというジレンマを抱える家族介護者であっても、この「つながりの再確認」の体験を重ねる中、次第に、感覚的・共感的に認知症の人の存在を認められるように変化し、理解や受容に至ることが確認されています。

3　家族に「つながりの再確認」をうながす

　家族介護者に図3－4「家族介護者と認知症の人との関係性の変化」をお見せしましょう。一番上の3つの円を左から右にかけて見てもらいましょう。左から右にかけて、過去（病前）、現在（病気）、今後へと時間軸に沿って変化を示しており、認知症の人の「本人らしさ、思いなど」の外から見える状態が少しずつ小さくなっています。このような図を見て、どのように感じたかを尋ねましょう。

　家族介護者の人は、自分が介護されている認知症の人にもそのような図の変化が当てはまるように感じたでしょうか？　あるいは、今後、このような感じになっていくのか、と考えながらご覧になったでしょうか。

　確かに、外から見える状態の「本人らしさ、思い」は、言葉数が減り、お話しをされたり、能動的に動いたりすることが減るにつれ、見えにくくなるかもしれません。それにともない、図の中段の右側の「家族介護者」の部分にあるように、本人の病的な部分に囚われてしまい、認知症の人自身が見えなくなる、ということが起こりがちです。

　そこで、図にあるように、「つながりの再確認」を行っていただきましょう。現在の認知症の人の中に「その人自身」を感じとっていただくのです。そのために次の表3－4「つながりの再確認シート～過去から現在につながる「その人自身」を感じ取り、新たな関係性を築くために～」を記入してもらいましょう。あるいは、各質問への回答を支援者が聞き取りましょう。

　このシートの各項目へ家族介護者が回答するにつれ、認知症の人がこれまで家族介護者にとってどのような存在であったか、そして、そのようなことを感じさせるエピソードを思い出すでしょう。さらに、認知症の人が喜ぶ、あるいは嫌がる、家族介護者の人の言動と、家族介護者が嬉しいと感じる認知症の人の言動をあげてもらいます。このような一連の質問に対する回答を通して、家族介護者は、認知症の人のその人らしさや思いと、現在の認知症の人のつながりを再確認します。そして、認知症の人へ「してあげたいこと」を考えるなど、気持ちを新たにしてもらいます。

　過去の本人と現在の認知症の人がつながっていることを確認してもらいます。

　これまで、家族介護者の人にこのシートへ記入してもらった経験では、家族介護者の認知症の人への思いが、短い表現の中に、強く、深く現れていました。

　なお、認知症の人と家族介護者の続柄やそれまでの家族の歴史などから、いろいろな関係性があり、認知症の人に対して複雑な思いを抱いている人もおられるでしょう。それでも、このシートへの回答や記入を通じて、いま一度、大切な家族員である認知症の人の過去と現在、そして家族介護者との関係性を見直してみましょう。

図3－4　家族介護者と認知症の人との関係性の変化

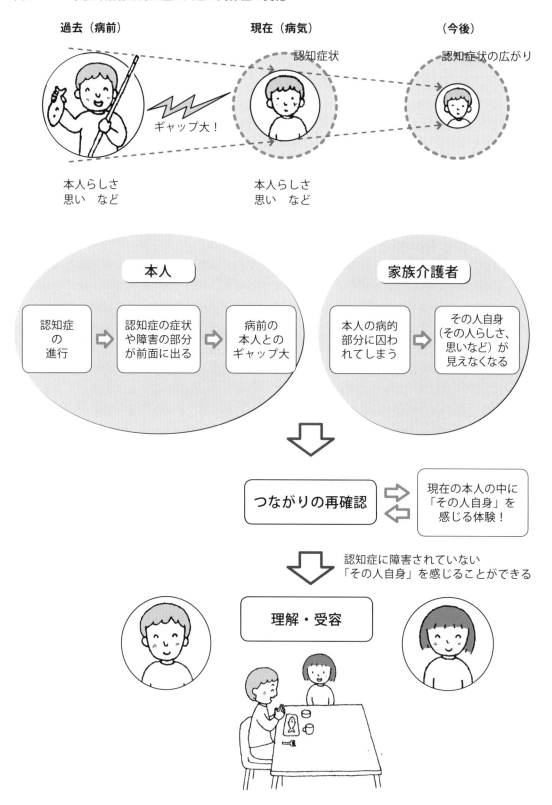

表3−4　つながりの再確認シート
　　　　～過去から現在につながる「その人自身」を感じ取り、新たな関係性を築くために～

> あなた（家族介護者）と介護されている認知症の人とのつながりを再確認してみましょう。
> 次の各問いに回答してください。
>
> 1）　過去（認知症になる前）、私にとって、○○さんは、どういう存在でしたか？
>
> 　　　_____（続柄）として、_____してくれた_____の存在
>
> 2）　上記のことで、今でも思い出に残っているエピソードはありますか？
>
> 3）　現在の○○さんの中に、過去の○○さんが今も感じられるところは、どういうところですか？
>
> 4）　（現在）　私がしてあげると、○○さんが喜ぶことはどういうところですか？
>
> 5）　私がとる態度で、○○さんがあまり好まない反応を示すのはどういうところですか？
>
> 6）　○○さんがとる態度で、私が嬉しいのはどういうところですか？
>
> 7）　これから私は、○○さんに対し、_____のようにしていきたい。

4. 認知症の人と家族介護者の心は合わせ鏡

1 家族介護者の受けるストレス

大切な家族が認知症になったことや介護上のストレス、また、介護していない家族や近隣との摩擦などにより、介護者自身がさまざまな感情（嘆きや悲しみ、落胆、不安、怒り、罪悪感、孤独感など）を経験します。家族は、介護者としての役割以外に、主婦（夫）として、母（父）親として、または子どもとして、職業人として、近隣や親戚との付き合いなど、多くの役割をもって生活しています。介護とそれらが絡み合い、さまざまな重圧やストレスを抱え、介護者が心身のバランスを崩すこともしばしばあります。

2 合わせ鏡

家族介護者と認知症の人の心は合わせ鏡のように片方の心がもう片方の相手の心を映し出します。家族介護者がイライラしていたり、眉間にしわを寄せたりしていると、それがそのまま相手に伝わるのです（図3－5）。家族介護者の心が態度や表情、口調に反映されるので、認知症の人はそれを敏感に感じ、心が落ち着かなくなります。

図3－5　認知症の人と家族介護者は合わせ鏡

認知症の人は、読んだり書いたりすることは難しくなっても、また、言われていることが正確に理解できなくなってきても、その場の雰囲気などは敏感に感じ取ります。

 家族介護者の心の状態がまるで合わせ鏡のように
認知症の人の心に映し出されることを理解してもらいます。

例えば、80代の母親の家に介護のために一時的に帰省している50代の娘が、実は、自分の20代の息子の大学での成績、就職・進路についての考えの違いなどでとても悩んでいて、そのことが頭から離れず、眉間にしわを寄せて、うわの空で家事や介護をしているとします。そして、介護の合間に、強い口調で、電話で家族（夫や息子）と話をしていたとします。そうすると、普段は穏やかで、「いつもありがと。ありがと」と感謝の言葉を口にする80代の母親が、そわそわと落ち着かなくなり、陶器の食器を割ってしまったり、それまでトイレの失敗はほと

んどなかったのに、トイレに間に合わず、汚れ物を多く発生させてしまったり、出かける予定はないのに夕方に玄関から出て行こうする、などといったようなことが起こったりします。

　後日、その娘さんが、同じく50代の夫と20代の息子の3人でじっくり話をすることができ、大学の成績、就職・進路のことについての悩みが一段落した後、ほっとした気持ちで帰省して介護をしていると、前回の失敗の数々が嘘であったかのように、80代の母親の状態が落ち着き、以前の、穏やかで「いつもありがと。ありがと」と言う母親の状態になっていたりします。

　このように、家族介護者の受けているストレスの状態によって、家族介護者自身の感情が揺れ動き、まるで合わせ鏡のように、認知症の人の状態も変わるのです。家族介護者には、そのような経験がないかどうかを確認してみましょう。

　家族介護者の心の状態が穏やかでゆとりのある状態であればあるほど、認知症の人も穏やかになることがあることを理解していただきましょう。

5．介護者の健康度、ゆとり、サポート環境を見直す

1　家族介護者の心身の状態や介護環境をよい状態に

　認知症の人の状態をよい方向に向けたいと考えるなら、まずは、家族介護者の心身の状況や介護環境を少しでもよい状態に保つことが大切だと言われています。

　家族介護者が精神的にゆとりを持って、穏やかな気持ちで本人に向き合えれば、それが本人にも伝わり、不快な気持ちになったり、不安になったりせず、落ち着いてくれるようになります。

 家族介護者が精神的なゆとりを持ち、少しでも心が軽くなるための方法を考えていけるように支援していきます。

　家族介護者が、元気になれる、自分にあったストレスを適度にコントロールしていく方法を見つけ、心身の状態をよく保つことが大切です。

　認知症の人の介護自体、他の疾患の人の介護に比べ大変なことです。他の家族がそのことを理解して家族介護者をねぎらい、休息の時間を保障することなどがとても大切です。

　介護に伴うのは負担感やストレスだけではないはずです。大切な家族の老いや病気、障害に寄り添い、ともに歩むことによって、かけがえのない経験を得たり、人生の貴重な喜びや学びを得たりすることもあるでしょう。家族介護者が自分の生活や身体を大切にしながら、認知症の人に向き合うことができるよう、介護者自身のケアも考えていけるように支援しましょう。

2　家族介護者の健康度、ゆとり、サポート環境のチェック

　家族介護者に、表3－5「家族介護者の健康度、ゆとり、サポート環境チェックシート」をお渡しし、質問項目に回答してもらいましょう。各質問項目に記入をしてもらってもよいですし、口頭で聞き取り、記入してもいいでしょう。

　質問項目の1と2は、家族介護者が自分のケアをすることができているかを尋ねる質問です。自分の時間を持つこと、自分に必要な通院をすることなどに時間をとることができているかを確認します。もし、これらの回答が①「ほとんど○○ない」であった場合には、早急に、家族介護者が自分のための時間を確保できるよう、体制を整えていきます。

　質問項目3と4は、家族介護者のストレス対処方法を尋ねる質問です。家族介護者がストレスを感じたときに、対処をする方法を持っているかどうかを確認します。対処方法を持っていない、と答えられた場合には、どのようなことをすれば、ストレス解消に結び付くのかを一緒に考えます。ストレスの対処のためには、ストレスを感じている、感じていないにかかわらず、趣味や気晴らしになることを行うことがよいとされています。

家族介護者が自分のケアをすることができているか、
ストレス対処法を持っているかを尋ね、それらができるよう支援します。

　質問項目の5～7は、家族介護者を支える制度的なサービス以外のインフォーマルなサポートがあるかどうかを尋ねる質問です。インフォーマルなサポートは、私的なサポートとも言えます。家族や親せき、友人、近隣の人、家族介護者の仲間などで、話を聞いてくれたり、共感してくれたり、励ましたり、ねぎらったり、評価したりしてくれるような情緒的サポートを与えてくれるような人たちがいるかどうかを確認します。それとともに、家族、親せきや周囲の人で、介護に手を貸してくれたり、家事を協力してくれたり、地域での大切な役割を代わりに引き受けてくれたりしてくれるような具体的なサポートを与えてくれる人たちがいるのかも確認します。

家族介護者が情緒的なサポートや介護負担の軽減につながる
具体的なサポートを得られるよう支援します。

　これらの項目のやりとりを通して、家族介護者の健康度、ゆとり、サポート環境を確認し、必要に応じて見直しをしたり、補強したりするよう支援していきます。

表3-5　家族介護者の健康度、ゆとり、サポート環境チェックシート

問　あなた（家族介護者）の健康度、ゆとり、サポート環境について考えてみましょう。
　　該当する項目に○をつけてください。

1) 自分だけの時間をどれぐらい持てていますか？
　① ほとんど持てない　　② 一日のうち_____分位　　③ 週1回　　④ 週2回
　⑤ その他 _____

2) 自分の身体（や心）のための通院などは行くことができていますか？
　① ほとんど行っていない　　② 後回しになり___か月に1回程度　　③ 定期的に行っている

3) 自分の趣味や気晴らしになることをやっていますか？
　自分の心が和むのはどのようなときですか？
　① ない　　② ある程度はやっていることがある
　③ やっていることがある（具体的に：_____）
　④ 和むことは？（具体的に：_____）

4) 介護でイライラしたときの自分なりの効果的な対処法はありますか？
　_____

5) 介護のことで、自分の大変さや思いを聞いてもらえたり、相談に乗ってもらえたりする人はいますか？
　① ほとんどいない　　② 少しはいる　　③ たくさんいる
　④ その他 _____

6) 介護の経験者で、経験や気持ち、情報を分かち合い、共有できる人はいますか？
　① ほとんどいない　　② 少しはいる　　③ たくさんいる
　④ その他 _____

7) 家族、親せきやあなたの周りの人は、介護をしているあなたを理解し、ねぎらい、協力してくれますか？
　① 理解し、大いに協力してくれる　　② 理解はあり、少しは協力もある　　③ 理解はあるが、協力は期待できない　　④ 理解や協力は期待できない　　⑤ 逆に摩擦がありストレスになる
　＊③～⑤の場合、身内や周りの人に理解や協力を得られるための方法を考えてみましょう。

8) 自分の時間や生活を大切にするための工夫をしていますか？
　＊していない場合、今後に向けてどのようなことが考えられますか？
　_____
　_____

4 プログラムの展開：第2回の支援

1．第2回のねらいや内容

　第2回の訪問セッションでは、認知行動療法の基礎について情報提供し、家族介護者が訪問セッションや電話セッションの間に起こった出来事を記録しておくモニタリング記録について説明します。また、介護肯定感について考えます。
　第2回の訪問セッションでは、
　　（1）認知行動療法をベースに支援する
　　（2）モニタリング記録
　　（3）介護肯定感を高める
の3項目を取り扱います。
　第2回の訪問セッションは、プログラムの中核的な部分（認知行動療法を用いた介護者支援プログラム）について説明するものです。家族介護者や認知症の人の考え、感情、行動の関係に着目し、支援者の働きかけによって、家族介護者が、「より楽に」「負担感少なく」介護が続けられるようお手伝いします。また、介護肯定感を把握し、より高められるよう支援します。

1　認知行動療法をベースに支援する

　まずは「認知行動療法をベースにした支援」について説明をします。家族介護者の支援について行われてきた研究によると、家族介護者への支援では、認知行動療法を用いた支援を行うことが効果的であったという結果が出ています。そのため、本プログラムでも、介護者支援プログラムの中核的な要素として、認知行動療法を取り入れています。
　認知行動療法は、人の考えと感情、行動の関係に着目をした支援の方法です。認知行動療法では、支援の対象者（ここでは家族介護者）の感情が否定的で負担の大きいものになっているとき、家族介護者の頭に浮かぶ考えに働きかけをしていくことを通して、家族介護者の感情が改善することを目指します。また家族介護者が対応に困ってしまうような認知症の人の行動があるとき、その行動を軽減したり、あるいは、より望ましい行動を増加したりするための働きかけができるようになるよう、家族介護者を支援していきます。これらを目的に、認知行動療法の基礎的な知識を得て、認知症の人の介護に応用できるように支援していきます。

2　モニタリング記録

　それからモニタリング記録の説明をします。モニタリング記録は、セッションとセッションの間に、家族介護者が、認知症の人との間の出来事で、特に対応に困ったことや、自分の気持ちが大きく揺れ動いたことなどを記録してもらうものです。セッションのときに、前回のセッション以降のモニタリング記録をもとに、支援者と家族介護者が、モニタリングシートに書かれているエピソードの振り返りをします。そして、認知症の人の言動そのものは簡単には変えられないことが多いので、まずは、家族介護者の人の感情（気持ち）が軽くなるような、出来事の受け取り方ができないか、出来事に関する考え方はできないか、などを一緒に考えていくためのものです。プログラムの後半では、認知症の人への対応の仕方を変えることによって介護がしやすくなることはないか、などを一緒に考えていきます。

3　介護肯定感を高める

　認知症の人の介護については、ともすると、負担感が強調される傾向にありました。しかし、介護は負担感や困難感をもたらすことがあるものの、肯定感や達成感をもたらすこともあります。そこで、介護の負担的側面ばかりに着目するのではなく、介護の肯定的側面にも着目することが大切です。

　支援者は、家族介護者と認知症の人の介護全般について振り返り、認知症の人の介護をしているという体験がもたらした肯定的側面について引き出すように支援をしていきます。

2．認知行動療法をベースに支援する

　第2章において解説をしましたが、認知行動療法は、人の考えと感情、行動の関係に着目をした支援の方法です。

　特に、認知に焦点を当てた認知行動療法では、支援の対象者（ここでは家族介護者）の感情が否定的で本人への負担の大きいものになっているとき、家族介護者の頭に浮かぶ「考え（＝自動思考）」に働きかけをしていくことを通して、家族介護者の感情が改善することを目指します。本プログラムでは、この第2回のセッションにおける解説の説明以降、家族介護者によるモニタリングシートの記録とセッションごとの振り返りを通して、家族介護者の気持ちが楽になるよう、支援をしていきます。

家族介護者の考えと感情、行動の関係に着目し、
考えを変えられるよう働きかけをします。

　一方、行動に焦点を当てた認知行動療法は、認知症の人の行動が、家族介護者にとって対応に困るような行動になってしまっているときに用います。認知症の人の行動を言葉で制止したり、物理的に阻止したりするのではない方法で、認知症の人の行動を変えようとする方法です。

まず、認知症の人の行動の前後のきっかけや、周囲からの反応について、行動分析を行います。そして、認知症の人の行動を変えるために、きっかけや、行動の後の周囲の反応などに働きかけをしていきます。「家族介護者が対応に困るような行動」のきっかけや周囲の状況に働きかけをしていくことを通して、家族介護者が困ってしまうような認知症の人の行動が別の行動に変わるように、あるいはそのような行動が起こらないようにします。本プログラムではこの行動に焦点を当てた内容は第4回および第5回のセッションで取り扱います。それらのセッションで、家族介護者が望ましいと考える認知症の人の行動が増加するよう、または、逆に、家族介護者が対応に困ってしまうような認知症の人の行動が少しでも軽減するよう支援していきます。

3．モニタリング記録を行う

　日々の生活で、対応が難しいと感じる認知症の人の言動を振り返り、そのときの家族介護者の考え（思考）、気持ち（感情）、行動（対応の仕方）を振り返ることは、今後の対応をよりよいものにしていくために意味があります。

　そこで、日常生活での認知症の人との関わりを振り返り、記録をつけてもらいます（表3－6）。この記録を、モニタリング記録と呼びます。訪問や電話によるセッションとセッションの間に、最低3日分、3枚は記入してもらいます。

表3-6 モニタリングシート（1日を振り返り、主な出来事を1つ記入する）

日　時	月　　　日　　　　時頃
1）きっかけとなる場面、条件	どこで、何をしている時など（起こりやすい場面やきっかけとなる条件は？）
2）認知症の人の行動	本人の行動のどういうところに困りましたか？
3）その場面で、家族介護者の頭に浮かんだ考え	どのような考えが浮かびましたか？
4）家族介護者の気持ち、感情	どのような気持ちになりましたか？（不安・悲しいなど一言で言うと…） ①　　　　　　　　　　　　　　　　　〔　　　　　％ 100%中〕 ②　　　　　　　　　　　　　　　　　〔　　　　　％ 100%中〕 ③　　　　　　　　　　　　　　　　　〔　　　　　％ 100%中〕
5）家族介護者の対応、行動	
6）結果、認知症の人の状況	

【事後振り返り】	年　　　月　　　日
7）適応的な考え方はどのようなものがありますか？（もし誰かに同じことを相談されたらあなたは何とアドバイスしますか？　など）	
8）思考を変えると感情は変わりましたか？ 変わりそうですか？	
9）問題を改善するために、対応を変えることができそうですか？ 取り組めそうな対応はありませんか？	
10）いつものパターンと違ってうまくいった例外はありませんでしたか？	
11）感情の変化（最初との比較）	気持ちと、その強さはどうなりましたか？ ①　　　　　　　　　　　　　　　　　〔　　　　　％ 100%中〕 ②　　　　　　　　　　　　　　　　　〔　　　　　％ 100%中〕 ③　　　　　　　　　　　　　　　　　〔　　　　　％ 100%中〕

訪問や電話によるセッションではモニタリング記録の内容を、支援者が家族介護者と一緒に振り返ります。家族介護者の負担感がより軽減されるように、認知症の人との関わりがより快適なものとなるように、話し合って、作戦を練っていきます（図3－6）。

図3－6　モニタリング記録と振り返りの流れ

＜記録の内容＞	＜事後の振り返りでは＞
きっかけ	**ポイント1** 起こりやすい場面を避ける方法はないでしょうか？
認知症の人の行動	
家族介護者の頭に浮かんだ考え（思考）	**ポイント2** 別の適応的な考え（思考）はないでしょうか？
家族介護者の気持ち（感情）	**ポイント3** 考え（思考）を変えると肯定的な気持ちに変わったでしょうか？
家族介護者の対応（行動）	**ポイント4** より適応的な家族介護者の対応（行動）はないでしょうか？
	ポイント5 いつもと異なる、うまくいったパターンはありませんか？
認知症の人の状況	**ポイント6** 家族介護者の対応（行動）を変えると、認知症の人の行動が変わりませんか？　認知症の人の行動が落ち着きませんか？

　セッションとセッションの間に家族介護者に書いてもらったモニタリングシートは、記入した直後のセッションで必ず振り返りをするようにします。なぜなら、モニタリングシートに取り上げた内容は、家族介護者が日々の生活の中で最も「何とかしたい」と思っていることだからです。
　内容的には、第3セッション以降に説明するような内容も含まれるかもしれませんが、家族介護者が提示したタイミングである程度、支援者が家族介護者の気がかりを受け止め、対応策をともに考えていくとよい支援になるでしょう。

　モニタリング記録はセッションの中で振り返ります。

モニタリング記録で記入してもらう枠組みは、認知行動療法を活用するための枠組みとなっています。それぞれの質問項目に沿って記入しておいてもらい、振り返りのときも、この枠組みと順序を大切にします。
　続いて、ポイントを確認していきましょう。

ポイント①　きっかけの確認

　家族介護者にとって、対応が困難に感じる、あるいは、気持ちが揺れ動いたようなエピソード（主に認知症の人の言動）が起こった場面と、そのきっかけを尋ねます。
　その上で、そのような認知症の人の行動、あるいは家族介護者の否定的な感情を引き起こさないようにするための工夫はできないかを家族介護者と一緒に考えることとします。

ポイント②　考え（思考）の確認と、適応的な考えへの変更

　エピソードが起こった場面で、家族介護者にどのような考え（思考）が自動的に浮かんできたかを確認します。ここで、エピソードが起こった直後の家族介護者の反応、家族介護者の頭の中に自動的に浮かんだ考えを率直に出してもらうことが大切です。熟考の上、より正しい考えを導き出してもらう、ということではありません。
　続いて自動的に浮かんだ考えを、別の適応的な思考に変えることができないかを考えます。家族介護者に考えてもらい、また、支援者もともに考えて提案してみます。自動的に浮かぶ思考、つまり、自動思考が適応的ではなく、否定的、あるいは極端であると、感情や考えも否定的なものになってしまいがちです。自動思考が、白黒（または all or nothing）思考であったり、一般化しすぎていたり、結論へ飛躍しすぎていたり、拡大解釈あるいは過少評価していたり、すべき思考に囚われていたりすることがあります。そのようなとき、それを、より適切な方向へ変えるように支援します。

ポイント③　気持ち（感情）の変化の確認

　適応的な考え（思考）へ考えを変えることにより、気持ち（感情）が変わったか否か、どのように気持ち（感情）が変化したかを尋ねます。このとき、より肯定的な気持ち（感情）が出てきているか、また、以前の否定的な気持ち（感情）の程度が弱まっているか、などを確認します。

ポイント④　対応の確認とより適応的な対応（言動）の変化の確認

　エピソードが起こった場面で、家族介護者に浮かんだ考え（自動思考）の直後の家族介護者の対応を確認します。どのように考え、「対応（言動）」したでしょうか。家族介護者の直後の言葉や行為を率直に伝えてもらうことが大切です。熟考の上、より正しい言動を導き出してもらう、ということではありません。この反応行動を、別の適応的な行動に変えることができないかを考えます。家族介護者に考えてもらい、また、支援者もともに考えて提案してみます。

ポイント⑤　いつもと異なる、うまくいった例外がないかの確認

　「適応的な考え、あるいは適応的な反応（言動）を考えてみましょう」と言われても、認知症の人と家族介護者の間にパターンができてしまっていると、なかなか思い浮かばないかもし

れません。

　そのようなとき、いつもと異なる、うまくいった例外を思い出してもらうとよいでしょう。「あれ、今日はいつもと違って、うまくいったわ」というような例外的な場面を思い出してもらいます。そのとき、家族介護者には、どのような考え（自動思考）が浮かんだでしょう。また、どのような対応（言動）をしたでしょう。

　うまくいったパターンがあれば、そのときの考えや行動が適応的な対応のヒントになることもあります。

ポイント⑥　認知症の人の行動（言動）の変化の確認

　家族介護者の考え（思考）、気持ち（感情）が変わり、そして、対応（言動）が変わることによって、認知症の人にどのような行動（言動）の変化が生じたかを尋ねます。この部分については、次回以降のセッションで確認することも多くあるでしょう。

4．介護肯定感を高める

　認知症の人の家族介護者の心理には、介護に対して負担を感じる否定的な側面と、達成感や充実感などの肯定的な側面との両方が混在していると言われています。

　認知症は進行していく病であり、認知症の人は徐々に自分でできることが少なくなります。そのため、家族介護者に何らかの負担が生じます。その中で、介護に対して抱く感情には個人差があると言われます。介護は負担を伴うものであり、否定的な感情をもたらすことが多くあります。その一方で、「被介護者と密接に関わることの楽しさ」、「介護という新たな『仕事』をマスターすることによる達成感や充実感」、そして、「人生や生きることに意味が見出される」、など、肯定的な感情をもたらしてくれる面もあります。

　家族介護者がそのような肯定的な感情を持つことができ、そのような感情を大切にできるのであれば、それを家族介護者の持つ「ストレングス（長所、強み）」と見て、支援していくことも大切です。介護への肯定的感情をどのように強め、高めることができるでしょうか。

　支援者は、家族介護者が介護に対して

（1）楽しい、感謝の気持ちを形で表せて嬉しいなどの気持ち
（2）介護が徐々にうまくなってきた達成感や、介護をしっかり担えている自分を評価できる自己肯定感
（3）自分が成長している、あるいは、人生で意味のある活動をしている、などの意味付け

などを持っている場合に、それを認識し、とてもよいものとして、評価していくような関わりをします。これらの要素が家族介護者に見受けられるとき、支援者は、これらが、家族介護者のストレングス（長所、強み）であると認識して関わります。

　表3-7の「介護の肯定的側面を考えるシート」を家族介護者とともに記入してみましょう。

あるいは、支援者がこのシートの質問項目に沿って質問していき、家族介護者から口頭で答えを引き出しましょう。

なお、認知症の人と家族介護者の間には、さまざまな家族歴があります。これらの質問項目が明らかに、当該認知症の人と家族介護者との間に適さない場合には、無理にこのシートの内容を埋める必要はありません。

表3－7 「介護の肯定的側面を考えるシート」を用いるときのポイント

このシートは、家族介護者が現在介護をしていることに対して、(1)楽しい、感謝の気持ちを形で表せて嬉しいなどの気持ち、(2)介護が徐々にうまくなってきた達成感や、介護をしっかり担えている自分を評価できる自己肯定感、(3)自分が成長している、あるいは、人生で意味のある活動をしている、などの意味付けなどの考えや感情を持つことができているかを認識するために用います。

そこで、特に、質問項目3の「「介護していてよかった」と思える時…」、質問項目5の「介護することが、自分にとってプラスであると感じること…」、そして、質問項目6の「介護することは、自分の人生の中でどのような価値があると考えますか？」の3つの項目について、一つでも肯定感につながる回答がある場合には、それを、介護肯定感を高める要素としてとらえて、評価をします。

介護肯定感につながる回答が複数得られた場合には、それは、介護肯定感がさらに高いということを表します。そこで、家族介護者がそのような状態にあることを承認し、評価していきます。

表3-7　介護の肯定的側面を考えるシート

1） 私は、○○さんに過去、〜〜してもらった。
（私のことをかわいがってくれた、育ててくれた、大切なことを教えてくれたなど）

2） ○○さんとの心に残る思い出…

3） 「介護していてよかった」と思えるとき…

4） あなたが、介護をしていることを○○さんはどのように感じているでしょうか？

5） 介護することが、自分にとってプラスであると感じること…

6） 介護することは、自分の人生の中でどのような価値があると考えますか？

5 プログラムの展開：第3回の支援

1．第3回のねらいや内容

　第3回の訪問セッションでは、家族介護者の身体的、心理的、社会的状況の把握と、認知症の人との関係性を振り返り、理解を深め、サポート環境を整えられそうなところは整えていきます。
　第3回の訪問セッションでは、
　　（1）同じ世界に立つ
　　（2）「現在位置」の確認をしよう
の2項目を取り扱います。
　第3回の訪問セッションでは、認知症の人の身体的、心理的状況を改めて把握します。そのことによって、家族介護者が認知症の人の状況を把握し、より適切に対応できるようにしていきます。

1　同じ世界に立つ

　まず、家族介護者に、認知症の人と同じ世界に立つということを意識してもらいます。認知症の人は、一般に、記憶を徐々に失っていきます。そのような状態について想像し、同じ世界に立つことを意識してもらいます。同時に、過去の記憶は残っているので、認知症の人の主観的世界を意識してもらいます。また、認知症の人の内的体験も想像し、同じ世界に立とうと意識してもらいます。

2　「現在位置」の確認をしよう

　次に、認知症の人の「現在位置」を確認してもらいます。認知症の人は、記憶を失っていくばかりではなく、多くの人は、日常生活上のさまざまなことがらを行うことが難しくなってきます。例えば、お風呂に一人で入って必要なことを行うことが難しくなってきます。また、トイレで用を足すことが難しくなってきます。そこで家族介護者には、認知症の人の「現在位置」を確認してもらいます。

2. 同じ世界に立つ

　第2章で解説をしたとおり、認知症の人と同じ世界に立つことで、家族介護者に見えてくる世界があります。ここでは、認知症の人と「同じ世界に立つ」ための基礎知識から解説していきます。

1　認知症の人の記憶

　認知症の人は、徐々に記憶を失っていきます。また、日時、場所、人との関係などが分からなくなってくるため、現実を認識することが難しくなります。認知症の人それぞれに、症状の現れ方や進行の度合は異なりますが、表3-8のような共通点があると言われています。

表3-8　記憶障害の特徴

> **1）記銘力の低下**
> 　新しいこと、新しく体験したことを覚える能力が低下します。今、聞いたことを忘れてしまいます。同じことを何度も尋ねてくるようになります。
>
> **2）全体記憶の障害**
> 　体験した出来事全体を忘れてしまいます。食べた内容を忘れるというより、食べたことそのものを忘れてしまいます。外出したのに「どこにも行っていない」などと言います。
>
> **3）記憶の逆行性喪失**
> 　現在から過去に遡って忘れていきます。認知症の人にとっての「現在」は、「最後に残った記憶の時点」になります。今住んでいる家は「自分の家ではない」と言い、昔住んでいた家に帰ろうとしたりします。

2　認知症の人の主観的世界

　認知症の人は、記憶の逆行性喪失（表3-8）により、現在についての理解は不確かになってきますが、過去の記憶は残っています。その人の人生の中で一番輝いていた時代の記憶が残っていることも多く、そのような記憶を大切にし、尊重することが大切です。

　認知症の人の主観的世界とは、認知症の人から見た世界のことです。認知症の人がよく口にする昔の記憶で、認知症の人なりに、周りを認識でき、自分を実感できる、心が安定する世界のことです。認知症の人は、その記憶に支えられ、心の安定や立ち位置を見出している面があります。記憶に残る当時の話題やそこにまつわる認知症の人の思いを大切にすることが、認知症の人の心の安定と、今ある力を維持していくことにつながります。

認知症の人が人生で一番輝いていた時代の世界を大切にします。

3　認知症の人の内的体験

　認知症の人は、新しく入ってきた情報を覚えることができなくなること、記憶を徐々に失っていくこと、そして、現在の日時、場所、人との関係などが分からなくなることなどについて、全く気づかないわけではありません。特に初期には、気づいていることがあることが最近分かってきています。認知症の人は、自分が情報を覚えることができない、記憶を失っていっている、あるいは、日時・場所・人との関係などが分からなくなっていることに、周りの反応などから気づいて気まずい思いをしていることもあります。自分がこれまでできていたことが、できるときもあるのに、できないこともある、と気づくこともあります。後で気づくこともあります。そして、同じような失敗の繰り返しを避けるため、同じような場面に遭遇しないよう、さまざまな努力をするようになることもあります。その結果、人と会いたがらなくなり、引きこもりがちになることもあります。

　認知症の人は、どのような気持ちを抱いているのでしょうか？　認知症の人は、以下のように自分の胸のうちを語っています。

　認知症の人も自分の状態の変化に気づいていることが多くあります。

（1）不安や孤独について

「手にしている現在が次第にすべるように去っていく」（マックゴーウィン DF, 1993）

「心の中はまるで爪を立てて絶壁に張り付いているように感じている」（クリスティーン・ボーデン, 2003）

「正直な気持ち、自分が思うようにならないことが多々あったのはたしかだ。（中略）そのとき、早く、自分で「おかしい気がする」っていえばよかったのかもしれない」（一関 2005、p16）

（2）介護する人への希望について

「認知症の患者は、その手を握ってくれる手、ケアする温かい心、自分ではもう考えられなくなったときには、自分のために考えてくれる存在を、そして、アルツハイマーという迷路の、危険に満ちた角や曲がりくねった道を旅する過程を見守ってくれる存在を求めています」（マックゴーウィン DF, 1993）

　近年、認知症の人が自分の考えや気持ちを表明する機会が出てきています。認知症の人が、自分の苦しみや介護者への願いを語る機会が増えることにより、周りの人が、認知症の人の思いや希望を知ることができるようになってきています。認知症の人が自ら語る言葉の重みや思いを受け止め、応えていくことが大切です。

4　同じ世界に立つチェックシート

　家族介護者が、認知症の人と同じ世界に立つことができるように、表3-9「認知症の人と同じ世界に立つチェックシート」を記入してもらいましょう。
　家族介護者に、認知症の人がよく口にする、比較的記憶がしっかりしている時代（年代）の

ことを記入してもらいましょう。それは、複数の時代（年代）についてでもよいです。例えば、認知症の人がまだ小さく、家族と一緒に暮らしていた頃のこと、そして、自分が仕事をバリバリこなしていた頃のことの両方などでも結構です。

　もし、家族介護者がそのようなことについて思い当たらない、と言う場合には、是非、認知症の人に、過去のことについて問いかけてもらいましょう。例えば「おばあちゃん、○○の頃はどんなことが楽しみだった？」「おじいちゃん、以前、○○のお仕事をされていたんですよね。お仕事の作業の中で何が一番難しいところでした？」など。

　続いて、チェックシートの問2をもとに、家族介護者と、その頃の認知症の人の内面的な感情を想像してみます。

　そして、家族介護者には、認知症の人と、上記であげられた時代の暮らしや思い出をテーマに話をしてもらいましょう。これは、次回までの間の宿題として投げかけておいていただいても結構です。

表3-9 認知症の人と同じ世界に立つチェックシート

1) 認知症の○○さんがよく口にする、比較的記憶がしっかりしている時代のエピソードは、○○さんが何歳頃の記憶ですか？
   （例）幼少期の生まれた土地や生まれ育った家族のこと
   　　　思春期や独身時代のこと
   　　　仕事をバリバリこなして、多くの人と関わっていた頃のこと

2) その頃のエピソードの奥には、○○さんのどのような気持ちが感じられますか？
   （例）家族の絆、愛情、誇らしい気持ちなど

3) ○○さんの主観的世界（自分を実感できる、心が安定する時代）のエピソードについて、○○さんの気持ちや思いに触れながら、会話してみましょう。

3.「現在位置」の確認をしよう

1 認知症の人の「現在位置」の確認

　人は年齢を重ねるにしたがって、知的に発達をしていきます。しかし、認知症になると、一度獲得されたさまざまな能力が、逆カーブで減退し、それまでできていたことができなくなり、家族を悩ませることが多くなります。認知症の人の困った行動をどのような視点で見ればいいのか、と考えたとき、本人の「現在位置」の確認をすることが役に立ちます。「現在位置」の確認とは、認知症の人の言動が何歳くらいの段階に該当するのか、を考えてみることです（図3-7）。

図3-7　年齢と知的機能のレベルと家族介護者の立ち位置

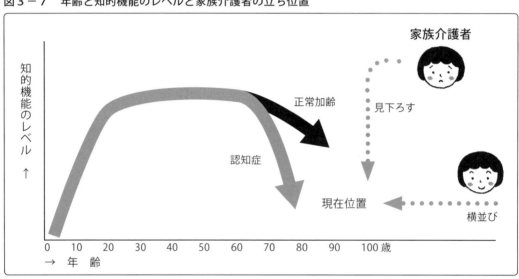

　例えば、「お義父さんは、何度言ってもトイレが上手く使えず、汚してしまう」という状態があるとします。「トイレが上手く使えない人」は、トイレについては、「トイレットトレーニングの必要な2〜3歳レベルの現在位置かな？」と考えるようにします。2〜3歳の子どもにトイレの仕方を教えてあげるときのことを思い出し、このような認知症の人には、それと似たような対応が必要であると考えます。

　本当の年齢からすると、「何でできないの？」「前はできていたのに！」と家族介護者は、できないことを腹立たしく思ってしまいます。しかし、ここではこの認知症の人のトイレに関する「現在位置」は2〜3歳のレベルだ、と考えます。そして、そのレベルから横並びで見れば、「どこを手助けしてあげればできるか」が見えてきます。

　また、トイレについては、2〜3歳レベルであると考えるけれど、「それ以外のことについては、まだできていることがたくさんある」と、認知症の人が維持できている力をみます。

ポイント 生活上必要な行動ごとにレベルを考えます

「できていない部分」にばかり着目し、そのことを責めるような対応は、「上から目線」の対応になります。そのような対応をすると、認知症の人ができている力を削いでしまうことにつながりかねません。

そこで「上から目線」で認知症の人を見下ろすかのように否定的に見るのではなく、「横並びのサポート」で、認知症の人の「現在位置」の確認をし、家族介護者が認知症の人ができていることを生かし、足りない部分だけを補うような対応をします。それができるようになると、認知症の人も変化し、家族介護者も、より肯定的な思いをもって介護をすることができると思います。

このように家族介護者の期待するレベルからではなく、認知症の人の「現在位置」の確認をし、その知的機能レベルに応じた対応をします。そのことにより、認知症の人の「できている部分」を生かした対応ができるようになります。そして、結果的に、認知症の人の能力維持にもつながります。

2 現在位置を確認するチェックシート

家族介護者が、認知症の人の「現在位置」を確認できるように、表3－10「認知症の人の「現在位置」を確認するチェックシート」を記入してもらいましょう。

まず、問1で、認知症の人の行動で家族介護者が困っている行動について尋ね、記入してもらうか、ともに記入します。

問2で、その行動についての「現在位置」を考えてもらいましょう。生活上の行動を行う知的機能に限定して考えることが大切です。何歳くらいかを特定しましょう。続いて、そのような「現在位置」にある認知症の人の、その特定の行動についての生活上の行動を行う知的機能が○○歳だとすると、どのような対応をすればよさそうかについて一緒に考え、記入してみましょう。支援者も、まずは、思いつくかぎりの選択肢をあげてみるのもよい方法です。はじめから「できる、できない」「適切、適切ではない」に囚われると、複数のアイデアを考えることが難しいこともあるので、はじめは、自由な発想を大切に、楽しくアイデアを出していきましょう。

ポイント　横並びのサポートをするために何ができるか
まずはアイデアをたくさん出してみます。

　最後に、どのような方法を実際にとることがよさそうかを吟味しましょう。家族介護者ができると思えること（達成可能であること）、そして、認知症の人の尊厳が守られること、を選ぶことが大切です。自由連想で出てきたアイデアの中から、複数のものを組み合わせるのもよいでしょう。

ポイント　家族介護者が達成可能で
認知症の人の尊厳が守られることが大切です。

　このようにして、認知症の人の「現在位置」を確認し、その現在位置の場合に該当するであろう、生活能力上の年齢を考え、適切な対応（言動）を考えていきます。家族介護者に支援者が会っているときにまずは考えてみて、その後の電話セッションや訪問セッションで、実際に対応をしてみた結果について確認しましょう。考えた対応方法ではうまくいかなかった場合には、別の方法を再度考えてみましょう。そして、家族介護者に、次回のセッションまでの間に行ってみてもらいましょう。

表3－10　認知症の人の「現在位置」を確認するチェックシート

1）　認知症の人の行動で家族介護者が困っているのは何ですか？

2）　その行動についての「現在位置」は何歳くらいにあたるでしょうか？

3）　そのような「現在位置」だとすると、どのような対応があり得るでしょうか？　できれば、複数の案を考えましょう。

4）　どの方法が最もよさそうでしょうか？　検討してみましょう。

6 プログラムの展開：第4回の支援

1．第4回のねらいや内容

　第4回の訪問セッションでは、認知症の人のコミュニケーションと心理を理解し、認知症の人との会話で「快」を送る方法を考えます。そして、行動に焦点を当てた認知行動療法について理解し、望ましい行動を増やす方法について理解します。
　第4回の訪問セッションでは、
　　（1）認知症の人のコミュニケーションと心理
　　（2）会話で「快」を送る方法
　　（3）望ましい行動を増やすための理解
の3項目を取り扱います。
　この第4セッションでは、認知症の人のコミュニケーションと心理の説明をします。そして、家族介護者が、認知症の人へ、会話で「快」を送る方法を理解します。また、認知行動療法の中で、行動に焦点を当てた部分について解説をし、家族介護者が、認知症の人の行動の中で、望ましい行動が増えるようにするにはどのようにしたらよいかについて理解を深められるようにします。

1　認知症の人のコミュニケーションと心理

　まず、認知症の人のコミュニケーションと心理について説明をします。認知症の人は、認知症が進行するにつれ、コミュニケーション能力が低下してきます。そこで、コミュニケーション能力が低下することと、それに伴い、周りとの関わりが少なくなり、孤立したり、孤独な状態になったりする様子について解説します。
　その一方、コミュニケーションに言語的な要素以外に非言語的な要素も含まれることの理解などを通して、望ましいコミュニケーションのあり方の基礎について理解します。

2　会話で「快」を送る方法

　次に、会話で「快」を送る方法の説明をします。認知症の人が元気になり、心が安定するためには、家族介護者とのコミュニケーションの「質」が大切となります。コミュニケーションの内容ではなく、「質」を高いものにするためには、家族介護者が、認知症の人に会話で「快」を送る方法を知り、実行することの大切さを理解します。

3　望ましい行動を増やすための理解

そして、望ましい行動を増やすための理解を進めます。ここでは、認知行動療法の、行動に焦点を当てた内容を適用します。行動に焦点を当てた認知行動療法は、認知症の人の行動に焦点を当てます。認知症の人の行動の内容を理解し、認知症の人の行動の前のきっかけ、条件や行動の後の周囲からの反応等について、行動分析を行います。そして、家族介護者にとっても望ましい認知症の人の行動が増加するよう、認知症の人のきっかけや行動の後の周囲の反応などを変えられるような働きかけをしていきます。

2．認知症の人のコミュニケーションと心理

1　認知症の人のコミュニケーションと心理（望ましくない例）

認知症の進行により、認知症の人のコミュニケーション能力も低下していきます。コミュニケーションがうまくいかなくなることにより、周りとの関係も変化しがちです（図3－8）。

図3－8　認知症の人のコミュニケーションと心理（望ましくない例）

認知症の人のコミュニケーションと心理

① 言葉が出てこなくなる、話そうとしたことを忘れる
② 話のペースについていけなくなる
③ 言われていることが分からなくなる
④ 話が分からないことを悟られないように気を使い、会話を避けるようになる
⑤ 間違いや、分かっていないことなどを指摘される
　（叱られているように感じる）

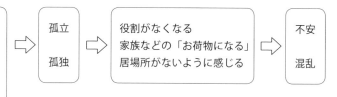

孤立
孤独

役割がなくなる
家族などの「お荷物になる」
居場所がないように感じる

不安
混乱

認知症の人は、多くの場合、図3－8にあるように、コミュニケーション能力が徐々に低下していきます。言葉が出てこなくなり、話そうとしたことが言えなかったり、話そうとしたことそのものを忘れてしまうことが生じてきます。

また、周りで行われているコミュニケーションの内容の理解に時間がかかるようになり、話

のペースについていけなくなります。さらに認知症が進むと、言われていることの意味が分からなくなることもあります。ところが、「言われていることが分からない」ということを周りに知られたくないという気持ちが働きますので、話が分からないことを悟られないように気を使い、取り繕ったり、会話を避けるようになったりする場合があります。

コミュニケーション能力の低下により
会話についていきにくくなってきます。

　取り繕ったり、避けたりすることにも限界がありますので、周りの人に、間違いや理解していないことを指摘されることが生じてきます。このとき、指摘のされ方によって、バカにされたり、叱られたりしているように感じます。
　このようなことから、認知症の人は孤独感を強め、周りから孤立しがちになります。これは、家族の中でも起きることですし、地域の中でも起きてしまいます。
　図3－8の右側にあるように、さらに、周りの対応によっては、認知症の人に気づかって、あるいは、「あてにしないほうがいい」という判断が働いて、認知症の人の「役割」が家族の中や、地域でなくなっていくことがあります。
　そうすると、認知症の人は「お荷物になっている」と感じたり、逆に、居場所がないように感じたりしがちです。
　このような状態は、認知症の人の心理に大きな影響を与えます。認知症の人は、より不安に感じ、混乱したりしがちになります。

「お荷物になっている」「居場所がない」
気持ちが不安や混乱を増加させてしまいます。

2　コミュニケーションの過程と種類
（1）コミュニケーションの過程
　人は、以下の3つの過程を経てコミュニケーションをしています。
　①受信：見る、聞く、などを通して相手からの情報を得る。
　②処理：得た情報を、理解し、考え、判断する。
　③送信：話すなどによって伝える。

（2）コミュニケーションの種類と大切な要素
　コミュニケーションには、言葉を媒介としたコミュニケーション（言語的コミュニケーション）と、五感など言語以外の要素を媒介としたコミュニケーション（非言語的コミュニケーション）があります。認知症の人は、徐々に、会話の内容（言葉の意味など）の理解が難しくなってきます。そのような状態になっても、認知症の人は、相手がコミュニケーションをしようとしていることは理解します。
　非言語的コミュニケーションでは以下のような要素が大切です。家族介護者は、これらをよ

く理解して、認知症の人とのコミュニケーションを心がけることが大切になってきます。
　① 視覚情報：視線、表情など
　② 聴覚情報：声のトーン、語調、話す速さなど
　③ 触覚・運動感覚情報：動作、姿勢、しぐさ、呼吸など

3　非言語的コミュニケーションへギアチェンジ

　認知症の進行により、認知症の人は言葉の理解が次第に難しくなり、コミュニケーションにおける言語的コミュニケーションの比重が次第に小さく、非言語的コミュニケーションの比重が大きくなります。認知症の人は、コミュニケーションで用いられる言葉の意味や内容よりも、言葉の奥にある話し手の喜怒哀楽の感情を敏感に感じ取り、非言語的コミュニケーションから快や不快を感じ取るようになります。

　認知症の人は話し手の感情に敏感になります。

　そこで、家族介護者は、言語的コミュニケーションから、非言語的コミュニケーションにギアチェンジしていくことが大切です。非言語的コミュニケーションに比重を置いたコミュニケーションをコミュニケーション過程にあてはめると以下のようになります。

（1）非言語的コミュニケーションに比重を置いたコミュニケーションの過程
① 受信：見る、聞く、などを通して、認知症の人から情報を得る
　家族介護者は、認知症の人が言葉では説明できないことを、認知症の人の示す、非言語的要素から受け取ることが望ましいです。認知症の人の視線、表情、動作、しぐさ、などから受け取るようにします。
② 処理：認知症の人から得た情報を理解し、考え、判断する
　家族介護者は、認知症の人が発した非言語的コミュニケーションから、何を感じているのか、何を言いたいのかを理解し、考え、判断するようにします。
　このとき、家族介護者が認知症の人の状態について深く理解した上で、受け止め、共感するようにすると、次の送信の内容も、より認知症の人にとって心地よいものになります。
③ 送信：認知症の人へ、話すなどによって伝える
　家族介護者は、認知症の人へ伝えたいことを、言語的コミュニケーションに頼りすぎないようにして、つまり、話の内容や言葉にばかりこだわらず、非言語的コミュニケーションの内容や質に重きを置いて、認知症の人へ伝えるようにします。
　家族介護者が伝えるときの ① 視覚情報（視線や表情）や ② 聴覚情報（声のトーン、語調、話す速さ、など）、③ 触覚・運動感覚情報（動作、姿勢、しぐさ、呼吸など）の質や内容に注意を傾け、それらが、認知症の人にとって「快」となるように心がけます。また、それらを通して、家族介護者の伝えたいことが認知症の人へ伝わるように工夫します。例えば、言葉だけでは伝わらないときでも、家族介護者が大きくてゆっくりとしたジェスチャーを用いると、認知症の人は、言われていることを理解したりします。方向について話すときには、「右」や

「北」などの言葉を大きな声で繰り返すより、手を使って、大きく、伝えたい方向を指し示すほうが、伝わるという具合です。

 言葉より話す雰囲気とジェスチャーが大切です。

4　心が安定する「快」を送るコミュニケーション

快・不快とは、脳が感じる心と体の反応です。認知症の人には、認知症の人が「快」、つまり、気持ちがよい、心地よい、などの反応が得られるようなコミュニケーションをしていきます。「快」を送る非言語的コミュニケーションのポイントは、以下のようなものがあげられます。

① 視覚情報：笑顔、暖かい眼差し、横並びの目線、自然なアイコンタクト
② 聴覚情報：ゆっくり、穏やかな口調、親しみ、暖かさなどの肯定的な感情が込められた語調
③ 触覚・運動感覚情報：穏やかな態度、うなずく、手や肩に触れる、身振り手振りをつける、横に並ぶ、呼吸がゆっくり、手を差し出しゆっくり立ち上がらせる

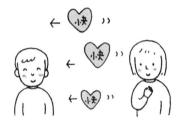

5　認知症の人が元気になるテーマや話題

言語的コミュニケーションが次第に難しくなっても、「あるテーマや話題」になると、認知症の人の目が輝き、表情が生き生きしてくるというような経験はありませんか。そのテーマや話題が認知症の人の元気を引き出すポイントです。

 認知症の人の反応が生き生きとするテーマや話題、歌を大切にします。

仕事や趣味、子育て、主婦として「私は○○してきた」というようなその人が自信や誇りを持ってきたテーマや話題は、大切です。テーマや話題だけではなく、歌、詩吟、楽曲などの場合もあります。その人がよく口にする話題や歌などの中に、元気を引き出すポイントがあります。「また同じことを言っている」「そのことしか言わない」と思わないで、そのテーマや話題、歌などがその人の元気を引き出すポイントだと考えましょう。

家族介護者がこの元気を引き出すポイントを把握して、非言語的コミュニケーションを重視

して「快」を送るのと合わせて、生活の中で意識的に用いると、認知症の人と家族介護者の間によいコミュニケーションの循環ができてくると思います。

6 コミュニケーションを振り返る

認知症の人とのコミュニケーションを振り返ってもらいましょう。支援者は、表3－11「認知症の人とのコミュニケーションを振り返る」に記入してもらうか、あるいは、セッションのときに、家族介護者の人に尋ねて回答を引き出していきましょう。

一つめの質問は、認知症の人とのやりとりがうまく行かなかった場面を振り返ってもらうための質問です。そのとき、家族介護者が送信したコミュニケーションの内容と質を振り返ってもらいます。認知症の人とのコミュニケーションの場合、言葉の内容よりも、コミュニケーションに付随したさまざまな非言語的コミュニケーションの要素を振り返ることが大切です。そのとき、家族介護者はどのような視線や表情をしていたでしょうか。また、言葉をかけたときの声のトーン、語調や話す速さはどうだったでしょうか。そして、そのとき、家族介護者は、どのような動作、姿勢、しぐさを伴ったでしょうか。そのときの呼吸はゆっくりだったでしょうか。荒くなっていたでしょうか。これらを振り返ってもらいます。

 話す内容より非言語的コミュニケーションを振り返ります。

その上で、前述したような、認知症の人の心が安定する「快」を送るコミュニケーションに変えるとすると、どのような工夫ができるかを考えてもらうとよいでしょう。

二つ目の質問は、本人の元気を引き出すポイントについてです。支援者は、家族介護者に、認知症の人の元気を引き出すポイントとなる、話題、テーマ、歌や楽曲などを思い浮かべてもらいます。できるだけ、具体的な話題、テーマ、歌や楽曲のほうがよいです。そして、そのような話題、テーマ、歌や楽曲などをどのくらいの頻度で用いているかを振り返ってもらいます。もしも、家族介護者が、そのような話題、テーマ、歌や楽曲が、認知症の人の元気を引き出すポイントであると気づいていながら、普段あまり活用していないようであれば、もう少し、活用することができないかを考えるとよいでしょう。

表3-11 認知症の人とのコミュニケーションを振り返る

1 最近、認知症の人にうまく対応できなかった場面を思い出してください。そのときの自分（家族介護者）の非言語的コミュニケーション（表情・語調・態度など）がどのようだったか、振り返ってみましょう。

2 本人の元気を引き出すポイント（話題や歌など）はどんなことが考えられますか？
　それを普段どれくらい用いていますか？

3. 会話で「快」を送る方法

1 本人の気持ち を元気にするコミュニケーション

認知症の人とのコミュニケーションは、話の内容より、コミュニケーションが「快」であるか「不快」になっていないかを重視することが必要です。

家族との会話により、認知症の人が心地よい感覚（「快」）を持つことができると、本人が安定した気持ちになり、困った行動が減少し、落ちつく、よい循環に向けて変化させることができます（図3－9）。

その結果、本人の気持ちを元気にすることができるのです。

図3－9　会話で「快」を送る

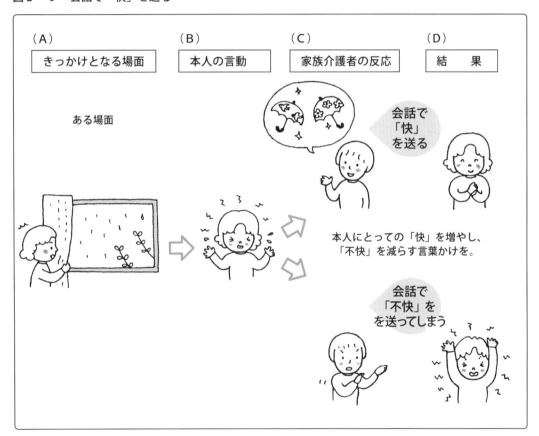

2 「快」を送るコミュニケーションの方法

「快」を送るコミュニケーションはどのようにしたらできるでしょう。

前項において、コミュニケーションの過程、種類や大切な要素について理解していただきました。認知症の人との会話では、言語的コミュニケーションよりも、非言語的コミュニケーションが大切であることを説明しました。また、非言語的コミュニケーションでは、視覚情報、

聴覚情報、触覚や運動感覚情報が大切であることを整理しました。どのような内容でも認知症の人に伝えるときには、これらのことを大切にすると、「快」を送るコミュニケーションになりやすくなります。

しかし、認知症の人との会話において、「どのような内容、中身、方向で会話をするか」についてのコツを理解しておくと、その内容と情報について、認知症の人に「快」を送るものになりやすくなります。

そこで、ここでは、「快」を送るコミュニケーションの手法を説明します。

以下のような順番でこちらからの言葉を発するとよいです。一番身近な家族介護者はかえって難しいと感じられるかもしれませんが、ぜひ、試してもらいましょう。

（1） 関心表明

認知症の人と会話するときは、認知症の人のほうを向いて、目線の位置をできるだけ同じにします。そして、視線を合わせます。視線が合ってから1、2秒以内になるべく穏やかな表情で、声も温かい調子や雰囲気で話します。

このようにして、家族介護者が認知症の人自身や、認知症の人が伝えたいと思っていることに関心を持っている、ということを相手に伝わるようにします。

（2） 反復確認

認知症の人が言った言葉をそのまま「○○さんは、～～って思うのね」と反復して返します。本人の言葉を反復して返すと、認知症の人は「自分の話を家族がきちんと受け止めてくれた」と感じることができ、安心感を持つことができます。

 たとえ、家族介護者が「変なことを言っている」と思っても、「○○さんは、～～思うのね」と主語を本人にして、同じ言葉を反復して返します。

 認知症の人はどのように感じているのかを質問してもよいです（ただし、否定的な聞き方にならないようにします）。そして、質問に対する本人の返答に対しても、また反復します。

（3） 共　感

反復確認した「認知症の人が感じている世界」について、「本人にとって、そのことは〜〜だね」と短い言葉で共感します。具体的には、「それじゃ、大変だね」「○○に行きたくないんだね」「困ったね」「よかったね」などです。

家族介護者が同意した上での共感は難しいときもあるでしょう。
その場合、家族介護者は、「私には、それは分からないけど」などと言った上で、やはり、「○○さんはそう思っているんだ。それだったらつらいわね。嫌だわね」と認知症の人への共感を表明します。

（4） 家族介護者の考え

家族介護者の言いたいことは、この順番（関心表明、反復確認、共感）のあとに短めに伝えます。なるべく認知症の人の世界で、認知症の人が見たり感じていることに合わせ、家族介護者が「協力者」であることが伝わるのが望ましいです。

（5） 安心感を送る対応・さりげない転換

話の筋や結論よりも、会話によって、認知症の人を安心させ、気持ちを元気にすることが目的なので、本人の反応を見て、「お茶でも飲もうか」「テレビでも見ようか」「また今度、○○の様子を聞かせてね」と場面を転換させ、楽しい雰囲気や「大丈夫という安心感」を残して会話を終わるようにしましょう。

3　支援プログラムでは　－SST（ソーシャル・スキルズ・トレーニング）をしてみよう－

支援プログラムでは、会話で「快」を送るこれらの5つの手法を伝えます。そして、認知症の人と家族介護者との会話において「快」を送るのが難しい状態にあるような場合ほど、この5つの手法を繰り返し、具体的に伝えるとよいです。

セッションとセッションの間のモニタリング記録の中で、家族介護者が対応に困ったエピソードとして、認知症の人との会話などをあげたとき、5つの手法が適応できないか考え、適応できるのであれば、家族介護者側の会話の「言い換え」を提案し、SST（ソーシャル・スキルズ・トレーニング）を用いて、ロールプレイしてみるとよいでしょう。

支援者が家族介護者と、モニタリング記録をもとに振り返りをして、SSTでロールプレイを

するときは、次のような順番で行うことが考えられます。

① まず、認知症の人と家族介護者との会話を確認し、できれば、その様子の再現をしてもらいます。
② 認知症の人の言動は、支援者や家族介護者が変えることはできませんので、それはそのままとし、家族介護者側のコミュニケーションを変えられないか考えます。
③ そのとき、ここで紹介した5つの手法を適応したコミュニケーションを考えます。
④ また、家族介護者の非言語的コミュニケーションが、ここで取り上げた大切な要素（視覚情報、聴覚情報、触覚や運動感覚情報のポイント）を踏まえているかに注意を向けます。
⑤ 支援者と家族介護者の間で、SSTを行い、ロールプレイをするとよいでしょう。
支援者が認知症の人役となり、家族介護者は普段の家族介護者として、上記の場面における会話のロールプレイをします。ロールプレイは、より適切な会話になるように練習するためのものです。「快」を送る5つの手法を踏まえたコミュニケーションの練習をしてもらいます。
⑥ 支援者は、家族介護者がうまくロールプレイをした場合ほど、より前向きな安心した態度を表すようにします。
⑦ ロールプレイを終えた後、振り返りを行います。そのとき支援者は、家族介護者が、上手に行えたところを具体的に褒めます。「「〇〇」の言い方が非言語的コミュニケーションも含めてとてもよかったです」などと伝えます。

4．望ましい行動を増やすための理解

1　人の行動の理解

認知行動療法の基礎理論の1つである行動理論では、人の行動は以下の3つの要素により構成されていると考えます。

〔A〕きっかけ　　　　　〔B〕行動（言動）　　　　〔C〕家族介護者など
　　先行条件　　　　　　　　　　　　　　　　　　　　　　　　　　　　　周りからの反応・刺激、
　　　　　　　　　　　　　　　　　　　　　　　　　　　　　　　　　　　自分に生じる結果

〔A〕＝　きっかけ、先行条件
〔B〕＝　行動（言動）
〔C〕＝　家族介護者など周りからの反応・刺激、自分に生じる結果

〔B：行動（言動）〕は、直前の〔A：きっかけ、先行条件〕により、起こりやすさが決まり、

直後の〔C：家族介護者など周りからの反応・刺激、自分に生じる結果〕によって、〔B〕の定着のしやすさが決まります。

そこで、認知症の人の困った行動〔B〕を変えるためには、〔A〕か〔C〕を変えることに注目します。

2 〔A〕のきっかけを変える

〔A〕のきっかけや、先行条件を変えるとは、ことが起こる前の状態を変化させることです。

普段の生活の中で、ある状況、場面（A：きっかけ、先行条件）になると、認知症の人の気分がよくなり落ち着いてくれる行動（状態）（B：望ましい行動）が予測される場合、その行動のもとになる状況や場面が得られるように条件、環境を整えます。

例えば、その人の好きなこと、活動（お茶やお菓子の用意、花、CD、趣味活動など）のもとになるグッズや環境（目印、図、適切な声かけ、人、場面など）を準備しておきます。

3 〔C〕の周りからの反応・刺激を変える、つまり、家族介護者の対応を変える

認知症の人の〔B：行動（言動）〕の後に得られる、〔C：家族介護者など周りからの反応・刺激、自分に生じる結果〕が認知症の人にとってよいもの、「快」がもたらされるものであると、その行動がなされる頻度は増えます。そこで、〔B〕の後の〔C〕を変えることによって、望ましい行動を増やします。これを「強化」といいます。「強化」には2つのパターンがあります。

> （1）行動の後によい反応・刺激（＝快）を与える、増やす
>
> （2）行動の後に嫌な反応・刺激（＝不快）を減らす、なくす

（1）行動の後によい刺激（＝快）を増やせた例

デイサービスを渋る認知症の人、Xさんが、デイサービスに行って、得意なカラオケを歌い、カラオケを皆に褒められ、喜んで行くようになりました。

これは、デイサービスに行く条件整備がなされ（A：きっかけ）、デイサービスに行ってカ

ラオケをすると（B：行動（言動））、周りから褒められる（C：よい刺激＝快）という反応・刺激が得られています。〔C〕にあたる、「褒められる」という周りからの反応・刺激が、Xさんにとっては心地のよいもので、Xさんも嬉しい、楽しいという気持ちになるため、Xさんがデイサービスに行くという行動が次回以降も起こりやすくなります。つまり「デイサービスに行く」という行動は強化されたことになります。

なお、その人にとって、何が正の強化刺激になるかを日頃の様子で観察することが大切です。例えば、「すごいね～」と同じ言葉で褒められたとしても、家族介護者に言われるのと、孫やお気に入りのデイサービスのスタッフなどに言われるのとでは、強化できる刺激となるか、ならないかが違ってくることもあります。

 認知症の人が嬉しい、楽しいと思える刺激が何かを考えます。

（2）行動の後に嫌な刺激（＝不快）がなくなった例

歯が痛くなったYさんが、歯医者に行って、痛みが治りました。

これは、歯が痛くなり（A：先行条件）、ある歯医者に行ったら（B：行動（言動））、すぐに痛みが治り（C：結果＝嫌な刺激がなくなる、不快が消える）、その歯医者には行くようになったという関係です。歯医者に行くという行動が定着したのは、「痛み」という「不快な刺激」が消えたからです。

これらの例から、介護者が、認知症の人の日常の困った場面や行動について観察し、〔A〕〔B〕〔C〕が何か、そしてその関係性を分析し、〔A〕や〔C〕の条件を見直し、環境を整えることで、認知症の人の望ましい行動を引き出していく支援の工夫を行うことができます。

4　お誘い上手になりましょう

認知症の人本人の性格や、喜ぶこと、好きなことを家族介護者はたくさん知っていると思います。「本人にとっての心地よい刺激は何か」を考えて、それを使って上手にお誘いしてみましょう。

例えば、認知症の人にとって、健康を保つ上で大切なことなのに、本人が渋るような外出があると思います。そのようなときは、本人の強化刺激になることとセットで誘ってみましょう。

「〜〜したら（本人が渋る外出）○○へ買物に出かけましょう（本人が好む外出）」などです。

 認知症の人の気持ちが動く誘い方が大切です。

逆に、本人の性格上、「〜〜しないと、係りの人に迷惑をかけるから」など、昔から本人がモットーとしているような考え方、ことがらを上手に使って、本人が「そうしたほうがよい」と自然に気持ちが動くようなお誘いをすることも1つです。

5 何が本人にとって、「快」の刺激か考えてみましょう

（1）「快」の増加になるものは？

肯定的なメッセージを送る（褒める、ねぎらう、感謝する、嬉しい、楽しい気分を演出する）、笑顔、うなずき、握手、ピース！、肩をトントンするなどスキンシップする、ティータイム、食事、おやつ、好きな（人、モノ、機会、活動など）の提供、一緒に（買物に行く、アルバムを見る、花を見る、テレビを見る、庭仕事をする、料理をする、孫に会う、ペットと遊ぶなど）する　など…。

（2）「不快」の減少になるものは？

本人が不快なこと、苦手なことを取り除きます。
① 身体的要因：疲労、痛み、病状、薬の影響、生理的欲求に関するもの（のどの渇き、空腹、便秘、睡眠不足など）、視覚や聴覚の低下、不快な室温など
② 環境要因：騒音、強い照明、色、認知しづらい環境（環境の変化など）空間、刺激が過剰な環境、刺激が少なすぎる環境など
③ 人間関係上の要因：叱られる、否定的態度、孤立、子ども扱い、過度な要求など
④ 心理的要因：不安、恐怖、抑うつ、孤独感、悲しみ、欲求不満、退屈、猜疑心など

家族介護者に、表3－12「本人の行動を増やせる「快」の刺激」を記入してもらいましょう。あるいは、支援者が質問をしながら、家族介護者に回答してもらいましょう。何が、本人の増やしたい行動を引き出すきっかけとなり得るか、また、増やしたい行動の後に得られる

表3－12 本人の行動を増やせる「快」の刺激

1　本人にとって、心地よい「快」の刺激にはどのようなものがあるでしょう？

1）言葉や働きかけ（聴覚情報）

2）表情や仕草（視覚情報）

3）活動（行動）

4）食べ物や物

2　本人が不快や苦手と感じる「不快」の刺激にはどのようなものがあるでしょうか？
　　それらはどのように取り除くとよいでしょうか？

1）身体的要因

2）環境要因

3）人間関係上の要因

4）心理的要因

「快」の刺激となり得るか考えましょう。また、本人から取り除くと、本人の苦痛や不快が減少する刺激は何かを考えましょう。

6　望ましい行動を増加させる働きかけ

人の行動の理解をすることによって、「望ましい行動」を増加させたいときに、行動そのものへの働きかけをするよりも、〔A〕の先行条件を変えることや、〔C〕の行動の後に、家族介護者など周りから得る反応・刺激や、自らに生じる結果が変わるような働きかけをすることによって、ターゲット行動が増加することを理解してきました。図3－10は再度、その流れを確認するものです。支援者は家族介護者にこの図などを見せながら、認知症の人の望ましい行動を増やすための工夫について確認していきましょう。

図3－10　望ましい行動を増加させる働きかけ

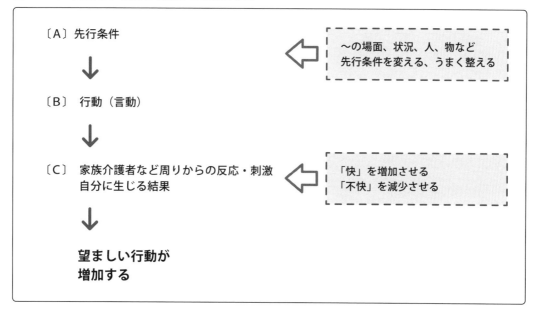

　〔A〕きっかけ、先行条件を変える。あるいは〔C〕周りからの反応・刺激、自分に生じる結果を変えることにより、望ましい〔B〕行動を増やしてもらいます。

7 プログラムの展開：第5回の支援

1．第5回のねらいや内容

　第5回の訪問セッションでは、行動に焦点を当てた認知行動療法について再度内容を振り返り、「家族介護者が対応に困る、認知症の人の行動」が減るようになる方法について理解します。そして、コミュニケーション・パターンを見直す方法について考えていきます。
　第5回の訪問セッションでは、
　　（1）対応に困る行動が減るようになるための理解
　　（2）いつものパターンを変えることの理解
の2項目を取り扱います。
　この第5回の訪問セッションでは、認知行動療法の中で、行動に焦点を当てた内容について再度確認し、「家族介護者が対応に困る、認知症の人の行動」が減るようになるにはどのようにしたらよいかについて理解を深められるようにします。また、認知症の人と家族介護者の間のコミュニケーション・パターンが、双方にとって心地よくない、ネガティブなパターンに固まってしまっているようなとき、よりよい循環、よいコミュニケーション・パターンに変えていけるよう、その方法を考えていきます。

1　対応に困る行動が減るようになるための理解

　まず、対応に困る行動が減るようになるための理解をします。ここでは、認知行動療法の行動に焦点を当てた内容を再確認します。行動に焦点を当てた認知行動療法では、認知症の人の行動をターゲットとして特定します。変化させたいターゲットとして特定した行動の前の条件やきっかけ、行動の後の周囲からの反応等について、行動分析を行います。そして、その行動のきっかけや条件、行動の後の周囲の反応などに働きかけをして変えていきます。このことにより、家族介護者が対応に困るような、認知症の人の行動が減ることを目指します。

2　いつものパターンを変えることの理解

　次に、いつものパターンを変えることの理解の説明をします。親しい間柄の人間関係においては、通常、コミュニケーションにパターンが生じることが多くあります。認知症の人と家族介護者の間にも、コミュニケーションのパターンが生じていることがあります。認知症が進行するにつれ、そのパターンが固定化し、かつ、認知症の人と家族介護者双方にとって、

心地よくないもの、ネガティブなものになってしまっている場合に、そのようなコミュニケーションのパターンに変化を起こし、よい循環、よいコミュニケーション・パターンに変えていけないかを考えていきます。

2．対応に困る行動が減るようになるための理解

1 「きっかけを変える」や「消去」などの対応

「6．プログラムの展開：第4回の支援」（p132）でも説明したように、認知症の人の行動＝〔B：行動（言動）〕を変えるためには、〔A：きっかけ、先行条件〕か〔C：家族介護者など周りからの反応・刺激、自分に生じる結果〕を変えます。今回は、「望ましい行動を増やす」のではなく、「対応に困る行動が減るようになる」ことを考えます。このときの原理は、基本的に同じです。

2 きっかけや環境を変えて、望ましくない行動を減らす

認知症の人の対応に困る行動を減少させるときに、〔A：きっかけや先行条件〕を変えてみます。普段の生活のなかで、こういう状況や場面〔A〕になると、対応に困る行動〔B〕が誘発されるということが予測される場合、事前に家族介護者が〔A〕を予測し、そのようなきっかけが起こらないように、先行条件が生じないように防ぎます。

例えば、ある話題になると不機嫌になることが予測される場合、できるだけその話題に触れないようにします。ある物を見ると、困った行動が起きることや、混乱が予測される場合、その物がなるべく目に触れないようにします。物とは、カレンダーのような書類や食事づくりの途中の食べ物であることもあります。

対応に困る行動の誘因となっているものを
視界に入れないようにしたりします。

3　家族介護者など周りからの反応・刺激を変える

〔C〕の家族介護者など周りからの反応・刺激、自分に生じる結果を変えるとは、行動が起こった後の周りからの反応・刺激、つまり、家族介護者の対応などを変えることです。ここでは、認知症の人の〔B：行動（言動）〕を「減らす」ことを目的としているために、周りからの刺激や反応がない状況を作ります。これを「消去」と言います。例えば、身近な人に物を盗られたという訴えがあったときに、一旦はなくなったとされる物を探すなどの行動をとったとしても、繰り返しの訴えについては、別の話題に変えるなどして、その訴えへの反応をしないようにすることなどです（図3－11）。

 認知症の人の対応に困る行動（言動）の直後、できるだけ反応せず静かに見守ったりします。

図3－11　望ましくない行動を減少させる

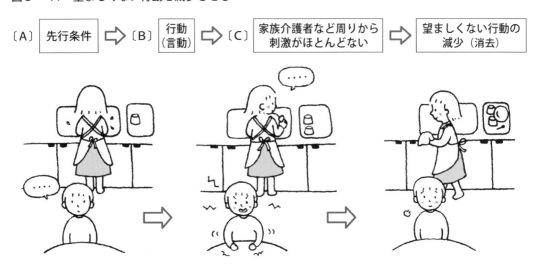

4　「消去」は、望ましい行動に対する正の強化（「快」の増加）と組み合わせて用いる

「消去」は、認知症の人の行動（言動）の後、家族介護者などによる周りからの刺激を与えないようにすることなので、認知症の人を不安にさせることがあります。また、周りが反応しないため、認知症の人が何とか家族介護者など周りからの反応を得ようとするために、ターゲットとなっている行動（言動）が一時的に増えてしまうこともあります。さらに、行動の内容によっては、認知症の人の安全を確保するために、家族介護者は対応をせざるを得ないこともあります。

家族介護者にとっては減らしたい行動（言動）であったとしても、認知症の人がその行動をとることに意味があるのかもしれません。認知症の人の行動については、常に、その置かれた状況や、思いを推し測ることが大切です。大きな声で叫ぶことは、言葉によるコミュニケーションが難しくなった後に残された、その人の数少ないコミュニケーション手段かもしれませ

ん。何かを訴えたいのに、訴えることができないもどかしさから大きな声を出しているかもしれません。外に出かけてしまうのは、自分の覚えている若い頃の家と今の家が異なるため、夕方になると、居場所がないように感じて、不安や焦燥感にかられるからかもしれません。

そこで、「対応に困る行動」を減らすために「消去」のような対応をしたときも、それと合わせて、「望ましい行動」を増やすための、「快」をもたらす刺激を与え、環境調整をすることが重要です。例えば、高齢者が同じことをガミガミ繰り返していても、それになるべく反応しないで聞き流す（＝消去）ようにすると同時に、やさしい言葉をかけられたときには、笑顔で応じたり、肩に手を触れたり（＝「快」の増加、正の強化）することで、心地よいコミュニケーションを増やすなどです。

「消去」の対応は「快」をもたらす正の強化と組み合わせるようにします。

5　嫌な刺激は与えたり、増やしたりしない

人の行動を減らすために、人は嫌な刺激を与えてしまうことがあります。認知症の人が望ましくない行動をした後に、つい、家族介護者が嫌な刺激を与えてしまうことで、例えば、罵声をあびせる、恥をかかせる、腕を無理にひっぱるなどです。これらは、行動が起こった後に生じる「不快」な刺激であり、行動理論の上で「罰」にあたるとされるものです。行動理論において、このような刺激は、人の行動を減らす効果をもたらさないことが分かってきています。よって、家族介護者は認知症の人に対して、嫌な刺激を与えないよう意識していきましょう。

嫌な刺激を与えることは、意味のない対応で、行うべきではありません。

3．支援プログラムでの消去の活用

1　支援プログラムでの活用　モニタリング記録をもとに

　セッションとセッションの間に家族介護者に記入してもらっているモニタリングシートの内容の振り返りの際に、その内容を「消去」や「強化」に応用しましょう。

　モニタリング記録では、家族介護者にとって、対応が困難に感じる、あるいは、気持ちが揺れ動いたようなエピソード（主に認知症の人の言動）を書き留めてもらってきました。

　モニタリングシートを記入する時点では、どちらかというと、家族介護者の「考え」や「気持ち」に焦点を当て、家族介護者の「考え」がより適応的な考えに変わることを目指し、家族介護者の「気持ち」が楽になるよう、モニタリングの記録をしてもらっています。認知症の人の認知症の進行に伴うさまざまな症状や、生活障害に関する言動などは、容易には変えられないため、家族介護者の気持ちが楽になることを最優先にしているのです。認知症の人の言動を変えようとするよりは、家族介護者のほうの受け取り方や、考え方を変えることにより、より、楽な気持ちで認知症の人の介護を続けることができるようになることも多いからです。

　しかし、一部の認知症の人の行動は、工夫をすることによって、増やすことや（前項）、減らすことができます。そこで、セッションとセッションの間に記入してもらったモニタリングシートなどの材料をもとに、支援者が何か工夫をすることによって、家族介護者が対応に困る行動が減るようにならないかを一緒に考えていきます。

2　支援プログラムでの活用　ワークシートへの記入をしながら

　家族介護者に、表3－13を記入してもらいましょう。あるいは、支援者が質問をして、家族介護者に回答してもらいましょう。

　家族介護者と支援者で、家族介護者が対応に困る、認知症の人の行動が減るようにするには、どのようなきっかけや条件を変えることができるか、また、増やしたい行動の後に得られる「快」の刺激となり得るか考えましょう。また、本人から取り除くと、本人の苦痛や不快が減少する刺激は何かを考えましょう。

表3－13　対応に困る本人の行動（言動）と消去の活用

1　対応に困る認知症の人の行動（言動）は何でしょうか。具体的に定めます。

....

2　どのようなきっかけや条件が引き金となって対応に困る認知症の人の行動がなされますか。

1）場所、時間

2）状況

3）言葉や働きかけ（聴覚情報）

4）表情や仕草（視覚情報）

5）活動（行動）

6）食べ物や物

....

3　そのようなきっかけや先行条件を、変更するには、具体的にどのように変更したらよさそうでしょうか。

....

4　本人が、家族介護者が対応に困ってしまうような行動（言動）をした後に家族介護者など周りから与えられる反応はありませんか？

1）言葉や働きかけ（聴覚情報）

2）表情や仕草（視覚情報）

3）活動（行動）

4）食べ物や物

....

5　4のような家族介護者など周りから与えられる反応をなくすことはできますか？　本人の安全や安心には配慮しながら、対応に困ってしまうような認知症の人の行動の直後の家族介護者など周りからの反応をなくすこと、つまり消去の活用を考えてみましょう。

4．いつものパターンを変えることの理解

1　身近な人とのコミュニケーション・パターン

　人は身近な人との間にコミュニケーションのパターンを作りあげているものです。認知症の人とその家族介護者の間にも、コミュニケーション・パターンがあります。そのコミュニケーション・パターンが、お互いを傷つけ合うような、あるいは、お互いに不安・焦燥感を増すような、悪循環に陥っていることがあります。そのような悪循環に陥っている、コミュニケーション・パターンを認識し、そこへ変化をもたらし、よいコミュニケーション・パターンへ変えていけるようにします。

2　コミュニケーション・パターンの見直し

（1）いつものコミュニケーション・パターンを認識する

　コミュニケーションがどのような悪循環に陥っているかに着目し、自分たちのコミュニケーション・パターンを認識します。

（2）うまくいった例外を見いだす

　いつもうまくいっていないように思える問題であっても、例外のときにはうまくいっている可能性があります。その例外が起こったときの家族介護者の対応や周りの状況などを認識します。「うまくいった例外のとき」と同じような対応を意識的に行うようにしていくと、「良循環」をふくらませていくことができます。

（3）いつものパターンに変化を起こす

　悪循環に陥っているようなコミュニケーション・パターンに変化を起こすかかわりをします。例えば、いつも認知症の人から繰り返し尋ねられていることについて、逆のパターンで「家族が先に確認する」ことをしてみます。このようにすると、認知症の人は「言われなくてもわかっている」と確認を繰り返さなくなることもあります。

3 支援プログラムでの活用 ―ワークシートへの記入をしながら

　親しい間柄の人間関係においては、通常、コミュニケーションにパターン化が生じることが多くあります。同様に認知症の人と家族介護者の間にも、コミュニケーションのパターン化が生じていることがあります。認知症が進行するにつれ、それが固定化し、かつ、認知症の人と家族介護者双方にとって、心地よくないもの、ネガティブなものになってしまっている場合に、そのようなコミュニケーションのパターンに変化を起こし、よい循環、よいコミュニケーション・パターンに変えていけないかを考えていきます。

　家族介護者と支援者で、いつものコミュニケーションを見直し、コミュニケーション・パターンを変えてみることを考えましょう。

　家族介護者に、表3－14「いつものコミュニケーションを見直すシート」を記入してもらいましょう。あるいは、支援者が質問をしながら、家族介護者に回答してもらいましょう。

　まず、「1　いつものコミュニケーション・パターン」の項目で、認知症の人、家族介護者双方にとって心地よくない、ネガティブなコミュニケーションを思い出しましょう。いつそのようなことが起こるのか（質問1－1））、また、そのときの双方のやりとりのパターンはどうか（質問1－2）～5））をあげて、書き出してみましょう。

　次に、「2「うまくいった例外」は」の項目で、状況やテーマが同じであるのにもかかわらず、いつものような双方にとって心地よくない、ネガティブなコミュニケーションにならなかった、「例外」のときを思い出します。そして、その内容の中で取り入れることのできるポイントについて考え、それを今後の認知症の人と家族介護者との間のコミュニケーションで取り入れることを考えます。

　最後に、「3　いつものパターンに変化を起こす」の項目を考えます。いつものコミュニケーションパターンが双方にとって心地よいものではなく、ネガティブなものであるなら、そこに変化を起こしましょう。家族介護者が「変えられそうなこと」を思いつけるように、支援者はサポートします。

よい例外が起こったときと同じような対応をしてみたりして、よいパターンへ変化させましょう。

表3-14 いつものコミュニケーションを見直すシート

1 いつものコミュニケーション・パターン
　嫌な気分になってしまう「いつものコミュニケーション・パターン」をここに上げてみましょう。このとき、コミュニケーションの内容のみならず、言葉に付随している非言語的コミュニケーションについても合わせて思い出してください。表情、声の調子、声のトーン、行為などはどうでしょうか。認知症の人の言動も、家族介護者の人の言動も思い出して記してください。

1) いつ（どういうとき）？

2) そのときの認知症の人の言動は？

3) それに対する私（家族介護者）や周囲の反応は？

4) それに対する認知症の人の反応は？

5) それに対する私や周囲の反応は？

2 「うまくいった例外」は？
　このことについて、今まで同じような状況下で「うまくいった例外」はありませんか？

1) いつ（どういうとき）？

2) 例外の場合は、いつものパターンとどこが違ってうまくいったのでしょうか？

3) 例外でうまくいったことを取り入れるとしたら、どういうことができそうですか？

3 いつものパターンに変化を起こす

1) いつものパターンを変えるとすると、どんなことが考えられますか？

2) できそうなことから始めてみましょう
　コミュニケーションの内容のみならず、非言語的コミュニケーション（表情、声の調子、声のトーン、行為など）を変化させてみましょう。何を変化させましょうか。

8 支援プログラムの振り返り：第6回の支援

1. 家族支援プログラムの振り返り

1 家族支援プログラムの流れ

第6回の訪問セッションでは、これまでの振り返りを行います。

これまで、下記のような内容について取り上げてきました。いかがでしょうか。分かりやすかったところ、分かりにくかったところ、実際に支援に取り入れやすかった部分、取り入れにくかった部分などあるかと思います。

ここで、この家族支援プログラムの内容を振り返ります。家族支援プログラムでは、以下のような内容を行ってきました（表3－15）。

表3－15　プログラムの概要

第1回	プログラムについて、セッションの流れ、認知症とは、家族介護者がたどる4つの心理的ステップ、つながりの再確認、認知症の人と家族介護者の心は合わせ鏡、介護者の健康度、ゆとり、サポート環境を見直す
第2回	認知行動療法とは、モニタリング記録、介護肯定感を高める
第3回	認知症の人と同じ世界に立つ、「現在位置」の確認
第4回	認知症の人のコミュニケーションと心理、会話で「快」を送る方法、望ましい行動を増やすための理解
第5回	対応に困る行動が減るようになるための理解、いつものパターンを変えることの理解
第6回	支援プログラムの振り返り

2　家族介護者の心身の状態、サポート環境の確認

　この家族支援プログラムは、認知症の人の家族介護者の支援を目的にしたものです。家族介護者の方の心身の状態とサポート環境の把握はできたでしょうか。

　具体的には、まず、家族介護者は心理的ステップのどの段階にあったでしょうか。そして、過去と現在の認知症の人のつながりは再確認できたでしょうか。また、認知症の人と家族介護者の方の心は合わせ鏡であることについて理解していただけたでしょうか。さらに、家族介護者のサポート環境はどのようなものであったでしょうか。

　以上のことを把握した上で家族介護者の心身の状態とサポート環境をよりよい状態にしていけるように、支援者は支援をしてきたはずです。第1回～5回の支援を振り返り、家族介護者の心身の状態がよりよいものとなったのか、また、サポート環境が整ったのかどうかを家族と確認しましょう。また、今後、家族介護者がどのように周りからのサポートを活用するのか、また、どのように家族自身が気分転換をしていくのかについての計画も再確認しましょう。

3　認知行動療法の理解と家族介護者の気持ち

　この家族支援プログラムは、認知行動療法を活用して実施してきました。家族介護者も、認知行動療法について理解されたかどうか確認しましょう。

　家族介護者の気持ちがより楽なものになるために、認知に焦点を当てた認知行動療法を活用し、家族介護者の「考え方」を変えることによって、「気持ち（感情）」がネガティブ、否定的なものではなく、どちらかというと、ポジティブで、肯定的なものになるように支援してきました。

　家族介護者の気持ちがポジティブで、肯定的な状態であると、比較的、穏やかな気持ちでいられることが多くなり、認知症の人の心は家族介護者の心と「合わせ鏡の関係」にありますので、認知症の人も落ち着いた状態でいられることが多くなります。こうしたことも再確認し、引き続き認知症の人と家族介護者の双方が穏やかに過ごせる時間が増やせるようにしていきましょう。

4　モニタリング記録の活用

　家族支援プログラムでは、6か月にわたり、月に1回の訪問セッションと訪問と訪問の間の月1回の電話セッションを提供してきました。そして、セッションとセッションの間には、家族介護者に3日分は「モニタリング記録」をつけていただきました。

　セッションでは、モニタリング記録の内容を振り返りながら、認知症の人との特定の場面について、振り返りをしました。そして、特定場面での、家族介護者の考え（認知）、感情（気持ち）、行動（言動、対応）について振り返りました。

家族介護者が、①モニタリング記録を行い、②セッションでそれを振り返り、③支援者から新たな項目について説明を受け、④認知症の人への新たな対応（言動）を行うこと、などを通して、好ましい変化などは得られたでしょうか。

　家族が目の前に繰り広げられる、認知症の人の行動（言動）について、どのように考え、どのように対応していけばよいかについて気づきを得たり、家族なりの対応の仕方を獲得してきている手応えをつかんでいるか確認しましょう。またモニタリング記録を見返して、過去と今の変化を確認してみてもよいでしょう。

5　認知症の人の状態と、認知症の人の行動（言動）

　認知症の人の今の状態についてはどうでしょうか。

　もう少し具体的に確認すると、認知症の人から見た世界を再確認することや認知症の人の生活上の行動ごとのレベルについて別の視点から見直して、「現在位置」を確認することを通して、認知症の人の状態の理解を深められましたでしょうか。また、認知症の人の行動について、特に、家族介護者が対応に困る行動（言動）について、何らかの変化を得る手がかりが得られましたでしょうか。あるいは、悪循環になっているようなコミュニケーション・パターンがあれば、そのパターンを変化させることができましたでしょうか。

　この家族支援プログラムでは、行動に焦点を当てた認知行動療法を活用し、「〔B〕認知症の人の行動（言動）に変化をもたらすために」、「〔A〕行動の前のきっかけや条件」、あるいは、「〔C〕行動の後の家族介護者など周囲からの反応や刺激」を変えることを考えてきました。認知症の人の行動（言動）への対応の仕方のヒントが得られましたでしょうか。

　行動に焦点を当てた認知行動療法を活用するとき、行動の後の「家族介護者など周囲からの反応」として、家族介護者がどのような対応をするかが大きな鍵になります。認知症の人に、普段から、あるいは、会話を通して、心地よい反応、「快」を送ることを理解し、実行することが、認知症の人への対応では、とても大きな意味を持ちます。家族介護者の方に、認知症の人の行動の後に、「快」を送る対応（言動）をより多くするヒントが得られたかどうか、確認してください。

　その一方、対応に困るような行動（言動）に対しては、家族介護者は控えめな反応のみをする、ほとんど反応しないほうが、そのような行動(言動)が減少します。これは、「消去」という手法を用いて、対応に困る行動を減少させる方法です。

　このような「消去」の手法を用いるときは、それだけにとどめず、できるだけ、認知症の人への「正の強化」を組み合わせて用います。具体的には、認知症の人の対応に困る行動には反応をしないようにしますが、認知症の人の望ましい行動に対しては、家族介護者が好ましい反応をする、つまり、「快」の刺激を送ることを合わせて実行するようにします。例えば、「気に

なることがあって大声で騒いでいる」認知症の人に対しては、あまり反応しないようにしつつ、そのうち「椅子に座って、落ち着いて、飲み物を飲む」ことが始まったら、家族介護者は笑顔でゆったりとした口調で話しかけるようにします。

2．家族支援プログラムを終えて
～認知症の人が安心して生活できる環境づくり～

　認知症の人は、徐々に記憶を失い、生活上の行動もできることが限られてきて、人とのコミュニケーションも以前のようにはできなくなってきます。それは、とても大きな不安を伴うものです。

　そのようなとき、認知症の人が安心感を持てる環境を整えることが、認知症の人の安定した生活につながります。家族支援プログラムを通して、認知症の人が安心して生活できる環境づくりができましたでしょうか。認知症の人と家族介護者ができるだけ穏やかな在宅生活を続けていけるように、支援者は継続的な支援を続けていく必要があります。

　家族支援プログラムが修了しても、認知症の人の介護は続いていきますので、家族介護者には、引き続き本書の内容を認知症の人の介護に活かしていただけるように支援していきましょう。また、一人で抱え込まないように、必要に応じて、フォーマルサービスにつなげたり、親族や地域の人などのインフォーマルなサポートを得られるような支援もしていきましょう。

　さらに、各地での活動が広まっている「認知症カフェ」や地域の「福祉サロン」などに出かけたり、認知症の人の「家族会」に参加したりすることで、家族介護者や認知症の人本人の生活にも張りが出てきます。地域で他者との交流が持てる場が増えていますので、そうした情報提供も支援者には大切な視点です。

　本書で紹介した家族支援プログラムは、あくまでも家族支援の一つの手法です。本書のプログラムを活用していただきつつ、上記に挙げた「認知症カフェ」や「家族会」などさまざまな資源を複合的に活用することが、家族介護者の心身の安定につながり、ひいては認知症の人が安心して生活できる環境づくりへとつながっていくでしょう。

第4章

認知症の人の家族に効果的な支援

　この章では、認知症の人の家族介護者に効果があるとされている海外の複数のプログラムを紹介します。いずれも、包括的なプログラムとなっていて、家族との接触時間・回数・期間が一定以上のものでした。
　家族支援プログラムは、認知症の人の家族介護者「個人」あるいは「グループ」に実施する方法で、認知行動療法を用いながらプログラムのなかで「ストレス対処」や認知症の人の「行動マネジメント」の習得を支援しています。
　また、認知症の進行や症状についての理解のみならず、認知症の人と家族介護者の関係性の変化を受け入れる支援や、家族同士がお互いにサポートし合える環境づくりの支援を付加しているものが多くみられました。
　日本においても、これらの先駆的な取り組みを参考に、より豊かなプログラムが提供されることが望まれます。

科学的根拠に基づく認知症の人の家族支援プログラム

1. 介入方法の効果の有無を検証

　福祉・保健をはじめとする社会科学の領域において、実施した支援や介入方法の効果を検証するには、ランダム化比較試験（無作為割付比較試験：randomized controlled trial: RCT）を用いることが最善とされます。逆に、どのような支援や介入方法も、ランダム化比較試験がなされ、統計的に有意な結果が得られていないと、厳密には効果の検証が不十分だと認識されます。

　ランダム化比較試験は、原則として、研究の参加者を募集し、応募した人を無作為に2つ以上のグループ「介入群：プログラムの提供を受ける群」と「コントロール群：プログラムの提供を受けない群」に割り付け、それぞれのグループから得られた介入前後のデータを比較する研究の方法です。どちらのグループに入るかは、参加者も、介入や支援をする側も選べません。

　地域における福祉・保健領域のプログラムのランダム化比較試験では、研究の参加者が介入群ではなく、コントロール群に割りつけられても、「何も支援が提供されない」状態ではなく、「通常の支援のみ提供される」という設定がなされることが多くなりました。本稿で紹介する研究の多くもそのような設定です。

　そうした「通常の支援のみを受ける」コントロール群と比べて、「介入群」の人々のデータに、統計的に有意な改善効果が見られたとき、その介入方法は「効果があった」と判断されます。

2. 何の効果を測るか、求めるか

　認知症の人の家族介護者を支援するとき、私たち実践現場の者は、その家族が包括的に「よい状態になる」ことを願って支援します。しかし、特定の支援や介入の方法の効果を検証するときには、「よい状態になってほしい」すべての側面を測ることは不可能です。そこで、測定可能な側面を選択し、そのデータを収集し、その改善の有無をもって効果を検証します。

　諸外国の信頼性の高い大規模調査においては、さまざまな指標が用いられています。認知症の人の家族介護者に対する支援や介入の方法の検証では、「家族介護者の抑うつ度」または「介

護負担感」が代表的な指標です。その他、「生活の質」や「全般的健康度」なども測定されてきました。

　Shulzら（2002）は、介入の効果検証のために、さまざまな指標が用いられ、その統計的な有意性ばかりに焦点が当てられがちだが、真に「臨床的に意味のある」、つまり、「実践的な意味のある」効果が証明された介入方法を追求するべきであるという問題意識をもとに研究を報告しています。そして1996〜2001年までの、認知症の人の家族介護者を対象とした介入研究43本をレビューしています。そのうち27本がRCT（ランダム化比較試験）による介入研究でした。それぞれの研究で用いられた指標を、①「個人的な症状の指標：うつ病、うつ症状、不安症状、怒りや敵対心、健康度など」、②「生活の質の指標：家族介護者の負担感、生活の満足度、気分や感情、ストレス、対処法、ソーシャル・サポート、結婚満足度」、③「社会で実質的な価値を伴う指標：入所に至る頻度や期間、寿命、認知症症状の状態、サービス利用度、インフォーマル・サポートへの依存度、介護に要する時間」、④「社会的評価の指標：介入の中身の評価、一般的な評価、他者へ推薦したい程度」の4種類に整理しました。これらの効果についての解説を、表4－1にまとめました。

表4－1　「認知症の人の介護者への介入研究の臨床的意味および実践的価値」
　　　　　Shulzら（2002）をもとに筆者作成

指標の分類	指標の内容	臨床的に意味のある、つまり、実践的な価値のある効果
個人的な症状の指標	うつ病、うつ症状、不安症状、怒りや敵対心、健康度など	うつ症状の減少の効果はかなり一貫性をもって見られている。不安症状の減少も見られる。そして、怒りや敵対心も減少する可能性が見られる。
生活の質の指標	家族介護者の負担感、生活の満足度、気分や感情、ストレス、対処法、ソーシャル・サポート、結婚満足度	生活の質全般の改善は限定的にしか見られないものの、負担感、気分、ストレスなどについては、一定の効果が見られる。
社会で実質的な価値を伴う指標	入所に至る頻度や期間、寿命、認知症症状の状態、サービス利用度、インフォーマル・サポートへの依存度、介護に要する時間	入所に至るまでの期間が長くなるなどの効果が見られる。そして、このような効果を得るには、集中的で包括的な介入（支援）が必要である。
社会的評価の指標	介入の中身の評価、一般的な評価、他者へ推薦したい程度	重要な指標ではあるが、これらの値を解釈するときにはさまざまな注意が必要である。

　このように、これまで、認知症の人の家族介護者向けプログラムの効果を測定するために、さまざまな指標を用いた検証がなされてきました。近年では、個人的な症状を心理的な尺度で測定するよりも、社会で実質的価値を伴う指標がより重視されています。つまり、「うつ症状が○ポイント改善した」ということよりも、「入所までの期間」「家族介護者が介護に携わる時間」「家族介護者の医療費」などの指標を測り、「入所までの期間が長くなった」「家族介護者

が介護そのものに費やす時間が短くなった」「家族介護者の医療費が少なくてすんだ」などの改善をもって「効果がある」と判断すべきであるという考えが浸透してきています。

3．日本における認知症の人の家族介護者への介入研究

　日本では、認知症の人の家族介護者への支援に関する研究は限られています。黒沢（2011）は、2010年までの日本認知症ケア学会の学会誌掲載論文をレビューし、認知症の人の家族介護者に焦点を当てたものは9件だと報告しています。家族介護者への介入研究は、デイケア利用者の家族を対象に、家族が困っていることに焦点化し、チームで介入する方法と、家族会（講義と交流）による介入方法の検証をしたもの（上条ら 2009）と家族会が実施する家族支援プログラムの検証（旭ら 2006）のみと報告されています。

　また、地域における初期認知症の人と家族介護者への支援方法の文献研究を、野村（2007）が行っています。データベースで抽出された2006年までの50の文献のうち、原著が日本語の文献は9件であり、実践事例の紹介あるいは実態把握研究がほとんどで、介入の効果検証を行った3件の研究の焦点は、いずれも家族介護者ではなく認知症の人でした（矢富 2003；目黒 2004；別所ら 2000）。

　なお、本書の理論的背景と重なる、認知症の人への行動理論をもとにした家族支援プログラムについては、中山（2009）が紹介しています。既存の3つのプログラムをもとに（そのうちの1つは本章でも紹介するREACHプログラムの一つです）、その効果検証結果には触れず、行動上の問題への対処モデル、使用する記録用紙、家族介護者への介入の概要、教材などについて整理し、分析考察しているもので、日本における現場での介入研究ではありませんでした。

　このように、日本では、認知症の人の家族介護者を対象とした学術的な文献は、実態調査、事例報告、総評論文などがほとんどで、効果検証を行った論文はほとんどありません。

4．諸外国における認知症の人の家族介護者への介入研究：臨床的な文献レビュー

　北米をはじめとする諸外国においても、はじめから介入研究が盛んだったわけではありません。ShulzとMartire（2004）は、認知症の家族介護についての臨床的な文献レビューを行い、米国で在宅生活をしているアルツハイマー型認知症の高齢者はおよそ300万人で、その75％は家族あるいは友人の介護を受けており、25％は地域で提供される介護などのサービスを利用していると報告しています。そして、認知症の人の家族介護者は、重いうつ病（10％）、軽度のうつ病（62％）などの状態にあると報告しています。その上で、認知症の人を家庭で介護する家族介護者が受けるストレスあるいは健康への影響を報告しています。それをまとめたものが

表4－2です。

　ShulzとMartire（2004）によると、初期の頃の介入研究は、「心理社会的アプローチ」をもとにしており、家族介護者の社会資源や状況についての認識評価（理解・判断）を介入の標的としていました。そして初期の頃は、サポートグループや個別カウンセリング、教育的アプローチの提供が主たる支援内容でした。これらの介入の効果は一貫した結果を得られておらず、効果が見られたとしても控えめなものでした。

　その後、RCT（ランダム化比較試験）を中心に、より堅固な調査デザインが用いられるようになり、個人・家族カウンセリング、ケースマネジメント、スキルトレーニング、環境調整、行動マネジメント法（注：これまで日本に「行動管理法」と訳されてきた言葉を、本稿ではあえて行動マネジメント法と訳します。「管理」という言葉が持つ否定的ニュアンスの影響をできるだけ最小限にしたいからです）、そしてそれらの組み合わせなどが用いられるようになりました。これらの介入研究から、多層的・包括的に、家族介護者と認知症の人へ同時に介入するような支援や介入の方法（プログラム）が、効果があると報告されています。介護負担感、うつ症状、主観的ウェルビーイング、介護に対する満足度、能力・知識、そして、ときには、認知症の人の症状に対しても効果が報告されています。また、介入の対象が単一のものであっても、提供の頻度が多く、期間が長いほど効果が見られています。

表4－2　「認知症の人の家族介護者が受けるストレスおよび健康への影響」
ShulzとMarire（2004）をもとに筆者作成

ストレス／健康　その過程		介入方法／さまざまな選択肢
（1）第1次ストレス（認知症の人の障害の程度、周辺症状の状態、喪失体験など）	⇨	薬物療法 ソーシャル・サポート
（2）第2次ストレス（家族間の葛藤、仕事の継続困難性など）	⇨	家族カウンセリング ソーシャル・サポート
（3）家族介護者は、2種類（第1次、第2次）のストレスを受けて、必要とされる介護量と、対処する力量が自分にあるか否かを評価する。	⇨	ソーシャル・サポート 心理教育 スキルトレーニング
（4）ストレスの認知		
（5）感情、行動上の反応 （注：うつ症状や認知症の人との機能不全なコミュニケーションなどが出てくる）	⇨	スキルトレーニング セルフケア 健康への予防的な取り組み コミュニケーション
（6）健康を損なう、寿命を縮めてしまう		

5. 認知症の人の家族介護者への介入方法の効果：システマティック・レビュー

認知症の人の家族介護者への介入方法の効果については、Selwoodら（2007）がシステマティック・レビューをしています。この論文の概要は、鈴木（2009）によって既に紹介されています。鈴木が紹介しているとおり、Selwoodら（2007）は、複数のデータベースで、家族介護者、認知症、介入に関する2003年7月までに発表された文献（244件）を抽出し、基準を満たした62件をレビューしています。Selwoodら（2007）は、これらを7つの介入方法に分け、かつ、⑥の個別行動マネジメント法（iBMT）については、6セッション未満と、6セッション以上に分けて、8つのカテゴリーで分析しています。7つの介入方法とは、① 教育（認知症に関する講義を行うプログラム）、② 認知症の人を対象とした、認知症に特化した療法（DST：Dementia Specific Treatment）、③ グループ対処法（gCS：Group Coping Strategies）、④ 個人対処法（iCS：Individual Coping Strategies）、⑤ グループ行動マネジメント法（gBMT：Group Behavioral Management Therapy）、⑥ 個別行動マネジメント法（iBMT：Individual Behavioral Management Therapy）、⑦ 支持的療法（Supportive Therapy）です。

（注：鈴木（2009）はgroupをグループではなく集団、managementをマネジメントではなく管理と訳していますが、ここでは、あえて異なる訳語を使用させていただきます）

Selwoodら（2007）は、どれほど堅固な調査手法が用いられてきたか、また、研究結果に一貫性があるかをもとに、科学的根拠として、介入方法の結果の確実性を推薦するレベルをAからDの評点でつけています。最も結果の確実性が高く信頼できるものをA、最も結果の確実性が低く信頼度が低いものをDとしています（表4-3）。

このように、認知症の人の家族介護者のうつ症状あるいは介護負担感の軽減に効果があるプログラムは、個別およびグループに対する対処療法と、個別の行動マネジメント法（6セッション以上のもの）であることが明らかにされています。

表4－3　介入方法（支援プログラム）の分類ごとの効果：Selwoodら（2007）をもとに筆者作成

介入の方法	科学的根拠として介入方法の結果の確実性を推薦できるレベル	効果の有無	効果
① 教育（認知症に関する講義を行う）プログラム	うつ症状、介護負担感ともにB	効果は見られない。認知症に関する単なる情報提供は効果がないということが示唆されている。	×
② 認知症に特化した療法（DST）：認知症の人を対象とした療法で、認知症症状に特化したもの。	うつ症状、介護負担感ともにD	家族介護者の状態を改善という視点からは、「認知症に特化した療法（DST）」の効果は見られない。また、既存の研究結果に一貫性はない。	×
③ グループ対処法（gCS）：グループで、ストレスマネジメント、問題の評価、問題解決法、認知症などをテーマに提供する。エビデンスレベルの高いものは、全て6セッション以上であった。	うつ症状についてはB、介護負担感についてはD	エビデンスレベルの高い研究があり、うつ症状には効果があるといえる。一方、介護負担感については、一貫した研究結果が見られない。	○（うつ症状） ？（介護負担感）
④ 個人対処法（iCS）：個人に対して、ストレスマネジメント、問題の評価、問題解決法、認知症などをテーマに提供する。	うつ症状についてはB、介護負担感についてはD	エビデンスレベルの高い研究があり、うつ症状には効果があり、介入直後と3か月後まで効果が維持するといえる。一方、介護負担感については、十分な研究がない。	○（うつ症状） ？（介護負担感）
⑤ グループ行動マネジメント法（gBMT）：グループで、行動理論について講義を行い、認知症の人の対応に困る行動のマネジメントをテーマに6回以上のセッションを実施。	うつ症状、介護負担感ともにB	効果が見られない。介入直後、あるいは8か月までは効果が見られない。	×
⑥ 個別行動マネジメント法（iBMT）＜6セッション未満のもの＞個別に、行動理論について講義を行い、認知症の人の対応に困る行動のマネジメントをテーマに6セッション未満で提供。	うつ症状、介護負担感についてはB	効果が見られない。	×
⑦ 個別行動マネジメント法（iBMT）＜6セッション以上のもの＞個別に、行動理論について講義を行い、認知症の人の対応に困る行動のマネジメントをテーマに6セッション以上提供。	うつ症状についてはA、介護負担感についてはC	エビデンスレベルの高い研究があり、うつ症状には効果があり、その効果は介入後32か月まで持続する。一方、介護負担感については、効果がないかもしれない。	○（うつ症状） ×（介護負担感）
⑧ 支持的療法	うつ症状、介護負担感についてはB	効果は見られない。支持的療法（6セッション以上のもの）は効果がないといえそうである。	×

＊右欄の記号は、○＝効果あり、？＝一貫した結果がない、×＝効果が見られない、を意味する。
＊グループ行動マネジメント法については、介入方法としては、「効果が見られない」とされているが、堅固な研究手法が用いられた個別の研究で、「効果あり」とされた研究があり、本稿では後に紹介する。

6. 認知症の人の家族介護者のソーシャルサポートに焦点を当てた介入プログラム：システマティック・レビュー

1 ソーシャル・サポートに焦点を当てた介入プログラム

　認知症の人の家族介護者への介入方法全般についてのシステマティック・レビューは前項で触れたものがありますが、その後、Damら（2016）は、認知症の人の家族介護者のソーシャル・サポートに焦点を当てた介入プログラムについてシステマティック・レビューを行っています。
　Damら（2016）は、認知症の人の家族介護者のソーシャル・サポートの改善等に焦点を当てたプログラムを4つのカテゴリーに分けました。それは（1）1対1のビフレンディング（友となる）プログラム、ピアサポートプログラム、（2）家族支援およびソーシャル・ネットワークの増加を働きかけるプログラム、（3）自助グループ（サポートグループ）、（4）遠隔地からのプログラム（インターネット利用等）の4種類でした。

2 4つのカテゴリー

　Damら（2016）はシステマティック・レビューの中で、以下のように報告しています。レビューにおいてDamら（2016）は、量的研究でRCTなどの堅固な調査手法を用いた調査研究を中心に研究結果を報告していますが、質的研究の調査結果も合わせて報告しています。質的研究の調査結果は、一般化するには限界があると言われ、また、「効果がある」と判定するにも限界があるとされていますが、それを無下に調査対象外とせずに報告しています。

（1）1対1のビフレンディング（友となる）、ピアサポートプログラム

　このカテゴリーに属するのは、認知症介護の経験者あるいは、トレーニングを受けたボランティアが実施する、1対1の家族支援プログラムです。3つのRCT研究（無作為割付比較試験）と1つの質的研究がなされていました。
　質的研究においては、家族介護者の孤立感の減少や、情緒的サポートや分かち合い、楽しさなどの増加が報告されています。一方、量的研究においては、受けているサポートや孤独感の改善は見られなかったという結果が報告されています。また、家族介護者のウェル・ビーイングに関する指標（自尊感情、QOL、うつ症状）も改善が見られなかったと報告されています。

（2）家族支援およびソーシャル・ネットワークの増加を働きかけるプログラム

　このカテゴリーに入っているのは、家族からの支援の増加や、ソーシャル・ネットワークによる支援の増加を働きかけるプログラムです。7つのRCT研究と1つのパイロット・スタディが報告されています。介入プログラムについては、はじめに家族がソーシャル・サポートを得ることを単独の目的としたプログラムと、ソーシャル・サポートの改善も目的の一つに含めている複合的なプログラムに分けて報告しています。
　家族がソーシャル・サポートを得ることを単独の目的としたプログラムでは、ソーシャル・サポートの増加の効果が得られました。また、複数の目的を持たせた複合的プログラムにおいても、ソーシャル・サポートや支援に対する満足感の増加などの結果が報告されています。

その一方、家族介護者のウェル・ビーイングに関しては、一貫性のある結果は得られていません。家族がソーシャル・サポートを得ることを単独の目的としたプログラムでは、うつ症状、不安症状、介護負担感、QOLの改善は見られませんでした。しかし、複数の目的を持たせた複合的プログラムにおいては、うつ症状、問題行動の評価、介護している配偶者の身体的健康度などに改善が見られたと報告しています。

(3) 自助グループ（サポートグループ）

このカテゴリーに含まれているのは、日本でもなじみの深い、家族が集まってお互いに支えあうための会合です。日本の家族会の活動の中でも少人数の話し合いのための活動とほぼ重なると思われます。7つのRCT研究、2つの準実験計画研究、2つの事前・事後研究、1つの質的研究が報告されています。

認知症の人と家族介護者双方が参加できるサポートグループにおいては、質的研究においてはポジティブな調査結果が報告されています。しかし、量的研究においては、サポートを得た経験や、孤独感の軽減などの効果は見られなかったという結果が報告されています。

家族介護者のみを対象としたサポートグループにおいても、質的研究においては、体験の分かち合いを通じて安堵感を得たなどのポジティブな結果が報告されています。しかし、量的研究においては、改善は見られていないと報告されています。

家族介護者のウェル・ビーイングに関しては、量的研究の結果も一貫性は得られていません。認知症の人と家族介護者双方が参加できるサポートグループにおいては、心理的、身体的な不満の減少、社会的、情緒的なウェル・ビーイングの向上、介護行為を行う能力の向上や介護負担感の減少などの効果が報告されています。しかし、対処法や介護者としてのコンピテンス（力量）の改善は見られなかったという報告がなされています。

家族介護者のみを対象としたサポートグループにおいて、量的研究の結果では、QOL、うつ症状、緊張感、介護負担感などの減少が見られたとの報告があります。しかし、介護負担感と不安感は、改善されたという報告ばかりではなく、効果の有無の結果が混在しています。

質的研究においては、自己満足感、不快感や困惑の減少などの報告が見られています。

(4) 遠隔地からのプログラム（インターネット利用等）

このカテゴリーには、インターネットを媒介とした家族支援プログラム、ビデオ電話による会合を行ったプログラム、そして、電話による家族支援のプログラムなどが含まれています。11のRCT、1つの準実験計画研究、3つの事前・事後調査研究がさまざまな遠隔地からのプログラムの効果を報告しています。

インターネットを媒介とした家族支援プログラムで、量的研究において、社会的孤立の改善は見られませんでした。しかし、質的研究においては、体験の分かち合い、社会的孤立の改善、認知症の人の関係の改善などが報告されています。

ビデオ電話による会合のプログラムにおいては、量的研究において、支援に対する満足度は改善したとの報告があります。しかし、ソーシャル・サポートを受ける度合いや、否定的な支援に関する体験については改善が見られなかったと報告されています。

電話によるサポートプログラムについて量的研究においては、受けているサポートの度合い、否定的な支援に関する体験、支援に対する満足度などの改善は見られなかったと報告されてい

ます。

　家族介護者のウェル・ビーイングに関しては、インターネットを媒介とした家族支援プログラムで、量的研究において、うつ症状や不安感に改善効果は見られなかったと報告されています。また、決断に関するスキルは改善しませんでしたが、決断に対する自信の度合いは改善したとの報告がなされています。活動の制限などは、認知症の人と家族介護者との関係などによって異なる結果が出たとのことでした。

　ビデオ電話による会合のプログラムにおいて、家族介護者のウェル・ビーイングに関してする量的研究結果としては、精神の健康度、自己効力感の向上、負担感、うつ症状等の軽減等の効果が報告されています。一方、電話によるサポートプログラムでは、効果の有無が混在した結果が報告されています。

3　介入プログラムの焦点と調査項目、評価指標の課題

　Dam ら (2016) は、このシステマティック・レビューの報告を通して、認知症の人の家族支援プログラムの中で、ソーシャル・サポートの状態の改善に焦点を当てたプログラムについての比較をしているのですが、そもそも、多くの調査において、ソーシャル・サポートの質・量などをアウトカム評価していない、ということを課題としてあげています。家族支援の目的や焦点がソーシャル・サポートの状態の改善にあるのであれば、ソーシャル・サポートの質・量がどのように変化したかが明らかにされるような調査がなされるべきであると指摘しています。その一方、ソーシャル・サポートの改善の度合いなどを測定することはそもそも困難が伴うことも認めています。

　このように、4つのカテゴリーに分けて調査結果が報告されています。概して、量的調査研究で効果がある、という結果が示された指標やプログラムは限られたものでした。その一方、質的な調査研究においては、家族介護者にとって効果があるとされる要素が一定程度抽出されていることが報告されていました。

2 効果があるとされた家族支援プログラムの具体的内容

ここからは、効果があると検証された介入方法について、具体的にみていきたいと思います。Selwoodら(2007)のレビューで分析対象となった調査のうち、研究の生み出す証拠価値(LOE：Level of Evidence)が高く(レベル1b以上)、かつ、効果がある(うつ症状あるいは介護負担感の改善)ことが検証された4つの研究について、介入方法(支援プログラム)を調べてみました。

1. 効果が見られた介入方法：グループ対処法
Group Coping Strategies (gCS) Hepburnら(2001)の米国ミネソタ州を拠点とした研究

Hepburnら(2001)は、認知症の人の家族介護者のグループを対象にプログラムを提供し、「効果がある」とされました。対象は、地域のさまざまな機関から紹介を受けた、認知症の人の家族介護者でした。同居あるいは近居で、施設入所者は除外されました。また、研究への参加者以外にも家族が1名参加することが要件でした。

1 理論的背景

このプログラムの基礎となっているThe Minnesota Family Workshop (MFW)のトレーニングプログラムは、ストレス−対処モデルに基づいたプログラムです。このモデルは、家族介護者が抱えるストレスによって生じる家族介護者の反応(うつ症状が生じることなど)は、家族介護者が置かれている状況をどのように理解し評価するかによって変化すると考えます。この評価には、① 家族介護者による客観的な状況の評価と、② 家族介護者が、自分が状況へ対処する力があると信じられるか否かという主観的な評価の両方が含まれます。

このことを前提に、MFWは家族介護者が「介護は役割」、あるいは、「介護は一種の仕事」と受け止められるようになることを目的とした支援プログラムを提供しました。家族介護者がこれまで、そして、これからも、家族の中での役割の変化と新たな役割の獲得を経験していることを学んでもらうことを目的としています。

2　プログラムの特徴

　家族が認知症になることは、一義的な認知症の人との関係（配偶者、親子、親戚など）に大きな影響を与えます。家族介護者には、これまで教育訓練を受けたこともない「介護者という役割」を担い始めていることをまず理解してもらいます。プログラムは、「介護者の役割」をうまく担っていくのに必要な知識、スキルと信念を得るように設計されています。また、家族介護者が被介護者との関係の変化をうまくシフトしていけるよう手助けします。そして、家族介護者には、被介護者との間に「ある種の心理的な距離を保つこと」の必要性を強調します。被介護者の介護を毎日こなしていくためには、心理的な距離を保ちながら、被介護者の言動を評価・分析し、対応する方法を開発していかなければならないと伝えていきます。

3　プログラムの構造

　週に１回、２時間のワークショップのセッションが７週間提供されました。スタッフは、多職種（看護師、教員、作業療法士、家族療法家）で構成されていました。家族がワークショップに参加している間、被介護者はデイケアのようなプログラムに参加することができました。家族介護者は、１グループあたり４〜７人の主たる家族介護者と、その他の家族メンバーでした。

4　プログラムの内容

　プログラムの内容は表４−４のようなものになります。

表4－4 「Hepburnら（2001）による認知症の人の家族介護者向けプログラムの内容：グループで対処法に焦点を当てたプログラム」
Hepburnら（2001）をもとに筆者作成

名　称	内　容	方法と特徴
① 情報提供 （認知症、生活上の困難）	認知症と、認知症に起因する生活上の困難について学ぶ	講義と資料を読むこと。いつでも質疑応答できる雰囲気でワークショップを実施する。
② 概念の構築 （認知症の進行と対応方法）	認知症の進行が被介護者の認知力に与える影響を理解する。認知症の進行ステージに対応した行動や日常生活への対処方法の計画づくり。日常生活で、被介護者との関係への応用を推奨する。	個別の、認知症の進行度合いに応じた対処計画づくり。 新たに得た認知症に関する情報を、日常生活に応用するように推奨する。
③ 役割の明確化 （家族介護者の役割）	被介護者の安全と心地よさを大切にすること、被介護者が楽しみたいと思えることを体験できるように支援することが家族介護者の役割であると明確化する。	認知力の回復を目指したリハビリや、病気の進行を遅らせることを目的とした役割や目標設定はしない。
④ 介護状況の理解の明確化 （介護状況、家族介護者―被介護者の関係の理解）	介護状況を一定の距離から見ること。それによって、介護状況への対応方法を知ること。家族介護者の感情が被介護者に与える影響を理解すること。家族介護者自身のニーズを理解すること。	
⑤ 介護マスタリー（熟練）に焦点を当てたコーチング	介護役割を担うために必要な知識、スキルを獲得し、家族介護者が個々の被介護者に対してどのように応用し、戦略的に介護していくかについて、個別具体的に助言などを行う。	最後のセッションで、一人ひとりが自分の介護について発表を行い、コメントをもらう。介護の内容を改善し、家族介護者としての力量に自信を持つようにしむけていく。

2．効果が見られた介入方法：個人対処法
Individual Coping Strategies（iCS）Marriottら（2000）の英国を拠点とした研究

　Marriottら（2000）は、個人を対象に、個人の対処法を身につける家族支援プログラムを実施しました。イギリスの大学病院の精神科で、認知症の人の家族介護者を募りました。地域で認知症の人の介護をしており、かつ、全般的健康度の尺度において一定以上のポイントを示す家族介護者、つまり、健康状態が一定レベルより低い者（心身の状態が一定より悪い者）が参加対象者となりました。

1　理論的背景
　このプログラムは、統合失調症患者の家族向けの認知行動療法のプログラムを修正して開発されました。ストレス－ぜい弱性モデルを元に、家族の対処スキルを培うモデルです。専門教育、ストレス対処および対処スキルの訓練の3つの要素から構成されました。

2　プログラムの構造
　2週間おきに、14のセッションが提供されました。認知症の人の家族介護者への個別面接が行われました。

3　プログラムの内容
　プログラムの内容は表4－5のようなものになります。

表4－5　「Marriottら（2000）による認知症の人の家族介護者向けプログラムの内容：個人に対するもので、対処法に焦点を当てたプログラム」
Marriott（2000）らをもとに筆者作成

名　称	セッション数	内　容
専門教育	3セッション	構造的なインタビュー（Knowledge About Dementia Interview＝認知症に関する知識インタビュー調査）を用いて、3回セッションを実施。このインタビューを通して、個人の認知症に関する理解度を把握し、認知症から生じるさまざまな行動を説明し、行動への対処に関する現実的なアドバイスを行う。
ストレス対処	6セッション	家族介護者の、ストレス要因の認識と反応の包括的アセスメントを行う（逃避行動、自己犠牲行動、あるいは孤立などがないか）。その後、より適応的な反応について情報提供する。具体的には、自己モニタリング、リラクゼーショントレーニング、そして、認知・行動上の反応などについて情報提供する。
対処スキル	5セッション	認知症の人の対応困難な行動について、より適応的な対応のロールプレイやアドバイスを行う。認知症の人の変化や、家族介護者の生活の質が下がったことに伴う「喪失感」について取り扱う演習を行う。

研究参加者には、介入プログラム開始時に冊子が4冊提供されました。内容は認知症、介入プログラムの説明、利用可能な社会資源などについてでした。

4　結果の概要

　情報提供のみを受けるグループ（コントロール群）の参加者には効果が見られませんでした。また、認知症の人の行動などについて話を深く聞いてもらうグループ（もう一つのコントロール群）の参加者にも効果は見られませんでした。支援プログラムの参加者（介入群）は、精神的な状態がよくなり、うつ症状も改善しました。

3．効果が見られた介入方法：グループ行動マネジメント法
Group Behavioral Manegement Techniques（gBMT）Brodaty と Greshman（1989）によるオーストラリアを拠点とした研究

　Brodaty と Greshman（1989）は、オーストラリアで地域生活を継続し、病院に通院する認知症の人の家族介護者を対象に研究を実施しました。なお、Selwood ら（2007）のレビュー論文によると、Brodaty と Greshman（1989）の用いた介入方法は「グループ行動マネジメント法」に位置づけられ、「グループ行動マネジメント法」の介入方法は、システマティック・レビューの結果、「効果が見られない」と結論づけられています。しかし、本研究は、RCT を用いた最も高いレベルの堅固な調査手法を用いており、結果においても、効果が見られているのでここで紹介します。

　研究では、3つのグループのうち2つは、異なる介入プログラムを提供されました。1つめのグループ（行動マネジメント法による介入群）は、認知症の人の介護家族向けの、高度に構造化された10日間のプログラムに参加しました。介護家族者は、認知症の人の対応困難な行動などへの対処方法を学びました。同時に、認知症の人は、記憶保持トレーニング、回想法、リアリティオリエンテーションセラピーや病棟のプログラムなどに参加しました。

　もう1つのグループ（認知症の人の短期入院による介入群）は、認知症の人が10日間入院をして記憶保持トレーニングを受け、この間、家族介護者は自宅で休息をとりました。そして、コントロール群は、ウェイティングリストにのった何もプログラムに参加しないグループでした。

1 プログラムの内容

行動マネジメント法による介入群の家族支援プログラムでは、構造化された10日間のプログラムで表4−6のような内容が取り扱われました。

表4−6 グループを対象とした行動マネジメント法による家族支援プログラムで取り上げたテーマ
＊BrodatyとGreshman（1989）をもとに筆者作成

家族介護者向けプログラムで取り上げられたテーマ
精神的な病
孤独とサポートの不足
アサーティブさの不足と新たな役割の理解の不足
配偶者との葛藤関係
認知症診断、予後
利用可能なサービスなどに関する情報の欠如
法的、財政的な問題
認知症の人の安全、家の中の整理整頓

注）アサーティブさとは、責任を伴った主体的な自己主張、自己表現および交渉のことです。

2 プログラムで用いられた手法

家族支援プログラムでは、表4−7のような手法が用いられました。認知症の人への対応方法のトレーニングや、認知症の人が家庭内で役割を再獲得することを促す方法も取り上げられました。

表4−7 グループを対象とした行動マネジメント法による家族支援プログラムで用いた手法
＊BrodatyとGreshman（1989）をもとに筆者作成

1	双方向の教育的やりとり
2	グループ療法
3	認知症の人への対応方法のトレーニング
4	アサーティブネス（責任を伴った主体的な自己主張・自己表現および交渉）トレーニング
5	役割の再獲得
6	主たる家族介護者以外の家族員を含めた家族療法
7	問題行動への対処方法のトレーニング
8	行動変容の理論と原則

3　家族サポートグループの提供

　全ての研究参加者（介入群、コントロール群に割り当てられた全ての認知症の人の家族介護者）を地理的に近い者同士4人ずつグループにし、コーディネーターが、同時に電話線でつなぎ、サポートグループを設定し続けました。このサポートグループは、はじめ2週間に1回の頻度で開催し、徐々に4週間に1度、6週間に1度へと開催回数を少なくしていき、12か月で終了しました。最後の2回は、コーディネーターは、電話線をつなげるだけとし、やりとりには参加しないで、4人の家族介護者同士で話し合いました。コーディネーターは、少しずつ関与の度合いを下げ、本プログラム終了後も、家族介護者4人の関係が小さな自助グループに発展することを目標としていました。

4　結果の概要

　1つめのグループ（行動マネジメント法による介入群）の家族介護者は、プログラム参加後、GHQ（一般的健康度）が他のグループより改善し、プログラム終了後12か月で有意な差となりました。もう1つのグループ（認知症の人の短期入院による介入群）の家族介護者の精神状態は、悪化しました。コントロール群（ウェイティングリスト）の認知症の人の家族介護者は、変化がありませんでした。

　プログラム終了後29か月まで、被介護者が地域生活を維持している割合を、フォローアップ調査したところ、2つめの認知症の人の短期入院のみのプログラムに参加したグループと比較して、1つめのプログラム（行動マネジメント法）に参加した家族介護者の家庭では、より多くの人が地域生活を維持しており、その差は統計的に有意でした。

4．効果が見られた介入方法：個別行動マネジメント法 ＜6セッション以上＞

Individual Behavioral Management Therapy（iBMT）Mittleman ら（1995）；Mittleman ら（2004）米国ニューヨーク州を拠点とした研究

　Mittleman ら（1995）は、行動マネジメント法を中核とした家族支援プログラムを個別に提供しました。そして、プログラム効果の持続性も検証しています（Mittleman ら 2004）。

　調査の対象は、認知症の人と同居し、介護をしている配偶者でした。そして、調査を実施するニューヨーク州に少なくとも1名以上親族が住んでいることが条件でした。

　研究参加者は、介入群とコントロール群それぞれ103組の介護者、被介護者に分かれました。コントロール群に振り分けられた者であっても、プログラムの一環として提供されている家族介護者サポートグループにはいつでも自由に参加でき、また、必要に応じて、専門家のカウンセリングを受けることもできました。これによりコントロール群に振り分けられた場合も、通常の、何も支援を受けないで在宅介護をしている認知症家族介護者より、よいサービスが提供されている状態でした。

1　プログラムの概要

　フォーマルおよびインフォールなサポートの構築を目指して、複数の介入プログラムを組み合わせた、包括的な家族支援プログラムを提供することとしました。

① 家族に対する個人面接と家族面接は、特定の困りごとなどに焦点を当て、他の家族員からの支援を増すことを目的に実施されました。

② 個人面接と家族面接終了後、家族介護者は週1回のサポートグループに参加しました。

③ いつでも相談できる体制（週末や夜間も）がとられました。これにより、最も支援が必要なときに、相談できることが保証されました。

2　プログラムの構造と内容

　プログラムの構造と内容は表4－8のようなものでした。

表4-8 「個人を対象とした行動マネジメント法による家族支援」プログラムの3つの構造と内容
Mittlemanら（1995）をもとに筆者作成

プログラムの要素	提供方法	内容と留意点
①カウンセリング（個別面接、家族面接）	家族介護者の都合のよい場所・時間帯に提供。多くは、自宅で提供。また、週末や夜間でも面接を設定できた。 プログラム参加開始後4か月以内に個別（家族介護者）面接1回、家族面接4回、そして、評価をかねた個別（家族介護者）面接1回を実施。つまり、合わせて6回面接を実施。 担当制をとり、誕生日カードや季節ごとのカードの送付、ニュースレターの送付などにより関係をとり続けた。	最初の家族介護者個別面接で、認知症の人の示す周辺症状（対処に困る行動）が明らかになる。それらの行動に対して、どのように対応していけばよいかについて、家族面接4セッションで取り上げる。 　面接では、ロールプレイ、教育（情報提供）を行い、家族介護者がうまく認知症の人へ対応ができるようにする。例えば、認知症の人の失禁については、認知症の人が「そわそわしている」ことがトイレのサインと家族介護者が早く気づけば、トイレ誘導がうまくいき、失禁は少なくなる。 　また、例えば、食事のときに、食べ物は一度に1種類ずつ提供し、1つの食器のみ（スプーンならスプーンのみ）提供すれば、認知症の人が混乱しないで落ち着いて食べることができる、などを伝え、ロールプレイなどで練習していく。 　認知症の人の状態の変化に伴い、認知症の人の家族介護者も新たな対応方法を見出し、適切な対応をしていく必要がある。
②家族介護者サポートグループへの参加	定期的に開催されるサポートグループへの参加。期間の設定はない（いつまでも開催している）。家族介護者個別面接2回と家族面接4回が終了後、つまり、プログラム参加後4か月経った後、参加をはじめる。	家族サポートグループは、センターで定期的に開催されている。この部分については、介入群、コントロール群に限らず、家族介護者はみな参加できた。
③コンサルテーション	いつでも、必要に応じて、家族介護者から、あるいは、他の家族から相談できる。	夕方から夜にかけての時間帯や週末も、相談に応じる体制をとっていた。 何か危機的な事態などにも対応することができた。 期間や回数に制限はなく、いつまでも利用することができた。

第4章 認知症の人の家族に効果的な支援

3　個別面接、家族面接の内容

プログラムで位置づけられている面接の内容は表4－9のとおりです。

表4－9　個別面接、家族面接の内容
Mittlemanら（1995）をもとに筆者作成

ストレス対処	ストレス対処の方法
行動マネジメント	認知症の人の行動が、対応困難なものにならないように、あるいは、頻度や回数が減少するように、家族介護者の対応について情報提供し、ロールプレイなどで練習を行った。
他者のサポートを得る	家族介護者には、他者からのサポート、特に他の家族などからのサポートを得ることを奨励した。
セルフケアと医療ケア	家族介護者には、自分自身のケアを怠らないように伝えた。また、自分自身と認知症の人の医療的なケアの必要性も伝えた。
経済的不安	経済的な負担は、個別面接などで具体的に取り上げ、必要に応じて、さまざまな手当などの申請を行う支援をした。また、認知症の人の病気・障害を考慮に入れて、自分の資産を集約し把握することを奨励した。

4　結果の概要

　介入開始後のフォローアップ調査は4か月、8か月、1年で実施されました。コントロール群と比較して、介入群（プログラム参加群）の認知症の人の家族介護者は、8か月以上経てからうつ症状が有意に改善しました。

　なお、この調査については、長期フォローアップ調査の結果も報告されています（認知症の人が亡くなった後2年後まで）。半数以上が介入開始後5年目のフォローアップ調査に参加しています。その結果、介入後5年の時点でも、介入群（プログラム参加群）における認知症の人の家族介護者のうつ症状の改善は、コントロール群と比較して有意な差を維持し続けていました。これは、認知症の人の施設入所や、死亡などのストレスの高い出来事の後でも変わらず維持されていました。

5. 総合的な介入プログラムの検証研究
── REACH Ⅰ、REACH Ⅱ プロジェクト──

1 REACH Ⅰの概要

　REACH Ⅰ プロジェクトは、米国連邦政府の機関 National Institute on Aging および National Institute on Nursing Research の調査費を得て実施されました。1995年より全米の6地域（バーミングハム：アラバマ州、ボストン：マサチューセッツ州、メンフィス：テネシー州、マイアミ：フロリダ州、パロ・アルト：カリフォルニア州、フィラデルフィア：ペンシルベニア州）の研究機関を拠点に実施され、調査には、1,222名の認知症の人とその家族介護者が参加しました。統一した調査票および尺度を用いて、無作為割付比較試験を行い、効果検証をしています。

　REACH Ⅰでは、研究拠点ごとに提供する介入方法（プログラム）が異なるのが特徴でした。バーミングハムでは、家族介護者が認知症の人へ対処できるように問題解決法のトレーニングプログラムが提供されました。ボストンでは、電話を活用するコンピュータシステムによって、家族介護者のストレスレベルをモニターしたり、家族介護者専用のインターネット掲示板の運用がなされたり、必要があれば専門家による電話相談を利用できるなどのプログラムが提供されました。メンフィスでは、家族介護者は認知症の人の行動マネジメント法を学び、ストレスを減少させるための専用トレーニングを受けるプログラムが提供されました。マイアミでは、訪問型の家族システムズアプローチとコンピュータによる電話対応システムが提供されました。パロ・アルトでは、家族介護者のための心理教育と、サポートグループが提供されました。そして、フィラデルフィアでは、訪問型の家族スキル構築プログラムが提供されました。それぞれのプログラムごとに効果の有無が検証されましたが、その結果から、効果的な内容を組み合わせたプログラムとして、次にあげる REACH Ⅱのプログラムが提供され、さらに検証されることとなりました。

2 REACH Ⅱの概要

　REACH Ⅱ プロジェクト（2002-2004）は、全米5地域（バーミングハム：アラバマ州、メンフィス：テネシー州、マイアミ：フロリダ州、パロ・アルト：カリフォルニア州、フィラデルフィア：ペンシルベニア州）の研究機関を拠点に642名の認知症の人とその家族介護者を対象に実施されました。REACH Ⅱでは、全ての拠点で同じプログラムが提供されました。

3 REACH Ⅱのプログラムの特徴

① 多面的で、総合的なプログラム。
② 心理・社会的アプローチおよび行動理論に基づくトレーニングプログラム。

4　REACH IIのプログラムの目的

プログラムは、
① 家族介護者の介護負担およびうつ症状の軽減
② 家族介護者が自分自身のケアをする力をつける
③ 家族介護者へのソーシャル・サポートの提供
④ 認知症の人の対応困難な行動への対処法を学ぶ支援

を目的に実施されました。

5　REACH IIのプログラムの内容

REACH IIで提供された家族支援プログラムの内容は、表4－10のようなものでした。

表4－10　REACH IIプログラムの内容
SAMHSA's National Registry of Evidence-Based Programs and Practices における "Resources for Enhancing Alzheimer's Caregiver Health II の Review（2007）" をもとに筆者作成

1	認知症などについての情報提供
2	認知症の人の対応困難な行動への対処方法、そのスキル
3	ソーシャル・サポートの提供
4	否定的な感情を、認知の再構成によって変えていくための認知療法
5	ストレス対処法
6	健康を維持する行動の奨励

6　プログラムで用いられる方法

REACH IIの介入プログラムで用いられた方法は、表4－11のように紹介されています。行動理論に基づいた、認知行動療法の要素がかなり取り入れられたものとなっています。

表4－11　REACH IIプログラムで用いられた方法
SAMHSA's National Registry of Evidence-Based Programs and Practices における "Resources for Enhancing Alzheimer's Caregiver Health II の Review（2007）" をもとに筆者作成

1	1対1の個別指導・アドバイス
2	ロールプレイ
3	問題解決法
4	スキルズトレーニング
5	ストレス対処法
6	電話によるサポートグループ

7　結果の概要

　認知症の人の家族介護者は、家族支援プログラムの提供を受けることにより、生活の質、特にうつ症状や介護負担感などの改善が見られました。特に、ヒスパニックや白人においては、コントロール群の参加者（認知症の人のケアに関する教材を受け取り、2回の電話連絡を受けただけのグループ）と比較して、生活の質が改善しました。なお、この調査で上記以外の対象者の民族的背景は黒人であり、アジア系の者は調査のなかで分析されていません。また、うつ病に該当するほどうつ症状が重い人の割合は、プログラム終了時点において、介入群で少なく、コントロール群で多かったという結果も得られています。

　その後、REACH Ⅱの効果検証はさらに深められています。例えば、Basuら（2015）は、REACH Ⅱにおいて、家族支援プログラムに参加した群とコントロール群の介入前のベースライン時点および6か月後のフォローアップ時点の主観的健康度の調査結果を比較しています。主観的健康度は、「自分の健康度の自己評価」「自分の健康度の変化（6か月前と比較しての変化）」および「身体的な健康度」の3側面を主観的に評価し、その合計得点を比較したものです。併せて、介護負担感、認知症の人の行動に対する苛立ちや困惑の度合い、うつ症状、介護に対する肯定的満足度も比較しています。

　分析の結果、家族支援プログラムに参加しなかったコントロール群においても、時間がたつにつれ、介護負担感および認知症の人の行動に対する苛立ちや困惑の度合いは改善していました。一方、家族支援プログラムに参加した介入群においては、介護負担感、認知症の人の行動に対する苛立ちや困惑の度合い、うつ症状、介護に対する肯定的満足度、そして、主観的健康度のいずれもが改善したという結果が得られています。家族支援プログラムへの参加によって、家族介護者は、介護に対する肯定的満足度が増し、介護に関するストレスが減少し、その結果、主観的健康度が改善したと考察しています。

8　費用と費用対効果

　近年の米国の大規模調査では、プログラム実施にかかる費用も、詳細な計算をした上で公表するようになってきています。プログラムにかかる費用と、それによって得られる効果の双方を見ることにより、費用対効果を検証しようとします。

　REACH Ⅱのプログラム実施にかかる費用は、認知症の人とその家族介護者のペア一組みあたり1,212ドルと推測され、そのうち、訪問による家族介護者への個別支援プログラムに1,064ドル、電話によるサポートグループの運用に148ドルかかったことが報告されています。

　一方、REACH Ⅱについては、費用対効果を検証した研究が発表されています。Nicholsら（2008）によると、家族支援プログラムの提供を受けた介入群の家族介護者は、コントロール群と比較して、1家族、1日あたり1.3時間、介護時間が減少したと報告されています。

　家族支援プログラム（6か月の間に9回訪問相談、3回電話相談、電話による家族サポートプログラムを提供）では、一家族、1日あたり4.96ドルの費用がかかることになります。その一方、家族支援プログラムの参加者は、コントロール群と比較して、1日あたりの介護に携わる時間が減少し、一家族あたり1日10.56ドル（時間あたり8.12ドル×1.3時間）分の費用が浮いたという結論が報告されています。つまり、一家族に1日約4.96ドルの費用をかけることによって、1日あたり約10.56ドル分の経済的効果があったと報告されています。

6．REACH プロジェクトの ESP プログラム（訪問型—家族スキル構築プログラム）

　本項では、REACH Ⅰの複数拠点の中の１つで実施された訪問型—家族スキル構築プログラムの内容を見ていきます。

1　ESP プログラムを紹介する理由

　REACH Ⅱの概要については、前項で紹介しました。ここでは、REACH ⅡのもととなったREACH Ⅰプロジェクトの中核的プログラム—訪問型の家族スキル構築プログラム—の内容を紹介します。このプログラムは、フィラデルフィアを拠点に提供され、the Environmental Skill-Building Program（ESP）と呼ばれています。この名称を、ここでは、訪問型—家族スキル構築プログラムと意訳して紹介します。本書で紹介している家族支援プログラムを作る上で特に参考にしたプログラムの一つです。

2　プログラムの理論的背景

　訪問型—家族スキル構築プログラムの背景には、a competence － environmental press framework の考え方があります。それは、認知症の人の個人の能力と周辺環境を、最適な状態に修正することによって、認知症の人とその家族介護者が抱える問題を、機能的で、順調な、満足した状態へ変えていくという考え方が出発点となっています。

3　プログラムの目的

　ESP プログラムでは、個別訪問によって家族スキルを構築するプログラムを提供します。プログラムの目標は、認知症の人の個人の能力と周辺環境が求めるものとの間の不一致を減少することです。

　家族が家庭におけるさまざまな環境要因を修正し、日常的な、認知症の人の介護に伴うさまざまな課題に対処できる、効果的なスキルを身につけられるように支援します。環境要因を修正していくことにより、家族介護者は、自己効力感を高め、その一方で、ストレスレベルを下げていきます。

4　プログラムの構造

訪問型―家族スキル構築プログラム（表4－12）では、はじめの6か月間に、特に活発な支援が提供されます。90分間の訪問を5回、そして、30分間の電話を1回して、プログラムを提供します。

表4－12　訪問型―家族スキル構築プログラムの構造
Gitlin, L.N., Winter, L., Corcoran, M. et al.（2003）をもとに筆者作成

1	認知症とその進行過程についての知識と、家庭環境が周辺症状や日常生活動作の困難性に与える影響について情報提供、教育をする。
2	家族介護者の困りごとのなかで、物理的・社会的な環境を修正し、問題解決や効果的な対処ができるように指導する。 周辺症状（行動・心理症状）について、その引き金となる出来事と、行動の結果を同定し、問題解決法、在宅の環境を修正する方法などについての情報提供と指導を行う。
3	家族介護者（および認知症の人）が置かれている個々の家庭環境に合致するよう、個別の対処法を提案し、助言する。
4	新たに生じる問題についても、同じように個別により効果的に対応できるよう、一般的な力をつけてもらう。

5　プログラムにおけるアセスメント

　最初の訪問で、支援者は包括的なアセスメントを行い、介入の目標を定めます。アセスメントでは、家族介護者が困難を感じているのはどのような領域か、そして、その中で、家族介護者が特にどのような領域について学びたいと考えているかを同定します。

　アセスメントでは、表4－13で示されるような項目を尋ね、問題や課題を明確化していきます。

表4－13　訪問型－家族スキル構築プログラムでアセスメントする領域
　　　　Gitlin, L.N., Winter, L., Corcoran, M. et al.（2003）をもとに筆者作成

1	家族介護者の課題 ・腹立ち ・圧倒される気持ち ・罪悪感 ・疲労感 ・将来への不安 ・身体の痛み
2	家族介護者と認知症の人のコミュニケーションの課題
3	介護の調整（制度的サービスのスタッフや他の家族員）
4	介護の困難（入浴、着替え、排泄、食事、その他）
5	家庭内の安全
6	認知症の人の気をそらすことや、意味ある活動に従事させることの困難性
7	徘徊
8	失禁
9	認知症の人の極端な反応に対応できないこと

6　プログラムの具体例

　家族支援プログラムの具体例がいくつか紹介されています。本プログラムの個々の家族支援プログラムの提供者は作業療法士であり、物理的環境の調整を含めた家族支援を展開する様子が分かります（表4－14）。

表4－14　訪問型―家族スキル構築プログラムにおける修正対象
　　　　　Gitlin, L.N., Winter, L., Corcoran, M. et al.（2003）をもとに筆者作成

ターゲット（修正対象）	修正の具体例
物理的側面	手すり・握り棒などを設置する、物を取り除く、物を整理する、物のありかなどにラベルを貼る、対照的な色を使って物や場所の違いが分かるようにする、服や保清に関する物を意図的に分かりやすく・使いやすい場所に置くなど
タスク（課題、作業）的側面	効果的なコミュニケーション（短い言葉を使用する、書いたものを見せる）、言葉や態度を読み取る、認知症の人が毎日行う家事などを計画する、認知症の人に段階的な活動に参加してもらう
社会的側面	家族介護者が社会的ネットワークを駆使して介護の調整をすることを支援する、制度的サービスの提供者とどのようにやりとりをすればよいかについて助言する、家族介護者が変わっても一貫した介護ができるように調整の支援をする

7　結果の概要

　介入群の参加者は、コントロール群の参加者に比べて、認知症の人への腹立ちが減少し、かつ他者の支援のニードが減少するなどの有意な改善が見られました。

3 さまざまなプログラムの共通点と特徴

1．各プログラムの特徴の整理

ここまで、効果があるとされた認知症の人の家族支援プログラムの内容を概観してきました。ここで、それぞれのプログラムについて、特徴として説明されているポイントを整理します（表4-15）。

表4-15　効果があるとされた認知症の人の家族支援プログラムの特徴
（注：各論文でプログラムの内容として説明されているポイントを筆者が整理したものです。○がなくても、実際にはプログラムのなかで提供されている可能性があります）

	グループ対処法（Hepburnら、2001、米国・ミネソタ）	個人対処法（Marriottら、2000、英国）	グループ行動マネジメント法（Brodaty & Greshman、1989、オーストラリア）	個別行動マネジメント法（Mittlemanら、1995ほか、米国・ニューヨーク）	訪問型—家族スキル構築プログラム（Gitlinら、2003、REACH Iの1拠点米国・フィラデルフィア）	REACH II（SAMSHA's、2007ほか、米国5か所）
プログラムの構造	7回、週1回、2時間のワークショップ	14回のセッションを、2週間おきに提供	10日間の構造化されたプログラム＋電話による家族サポートグループ	6回訪問指導（支援と助言）＋家族サポートグループ＋24時間電話相談対応	5回訪問指導（支援と助言）＋1回電話相談	9回訪問指導（支援と助言）＋3回電話相談＋電話によるサポートグループ
情報提供（認知症、認知症の進行）	○	○	○	○	○	○
家族介護者役割	○		○			
喪失感	○	○	○			
家族介護者と被介護者の関係	○		○		○	

	グループ対処法（Hepburnら、2001、米国・ミネソタ）	個人対処法（Marriottら、2000、英国）	グループ行動マネジメント法（Brodaty & Greshman、1989、オーストラリア）	個別行動マネジメント法（Mittlemanら、1995ほか、米国・ニューヨーク）	訪問型―家族スキル構築プログラム（Gitlinら、2003、REACH Ⅰの1拠点米国・フィラデルフィア）	REACH Ⅱ（SAMSHA's、2007ほか、米国5か所）
ストレスの認識、反応の明確化	○	○			○	○
ストレス対処法	○	○			○	○
認知療法（認知の再構成）	○	○				○
家族介護者セルフケアの指導				○		○
介護スキル個別の助言と指導	○	○	○	○	○	○
行動理論、引き金（家族介護者の言動）と被介護者の行動の理解			○	○	○	○
被介護者の対応困難行動への対処法の個別の助言指導		○	○	○	○	○
自宅の環境整備、安全確保			○	○	○	
他の家族・親族からのサポートを得る				○		
情報提供（社会資源など）			○			○
家族サポートグループ			○	○		○
24時間相談対応				○		

このように、認知症の人の家族介護者は、理論に基づいた、多面的なプログラムを必要としており、一人ひとりの認知症の人とその家族介護者が、より適切な関わりや対応行動をとれるように支援することが大切です。認知症の人の家族支援プログラムに必要な構造としては、表4－16のようなものがあげられると言えそうです。

表4－16　効果的な認知症の人の家族支援プログラムに必要な構造

1	一定以上の回数、期間のプログラムとすること（目安：数か月、6回以上の訪問など）
2	個別の支援を入れること。特に、認知症の人の対応困難な行動についての対処法、介護スキルについての個別の助言を行うこと（推奨：訪問による支援）
3	講義や、意見や感想の交流だけではなく、ロールプレイなどを用いて、具体的なスキルが身につけられるようにすること

　また、認知症の人の認知症の進行に伴い、認知症の人と家族介護者の関係や、役割が変化することなどについて取り扱うこと、他の家族介護者と体験や気持ちを分かち合う場を得られることが望ましいと言えそうです。

　ここまでに紹介してきた調査研究の他、スウェーデンでは、Andrénら（2008a；2008b）による認知症の人の家族介護者に対する心理社会的介入プログラムの調査研究がなされています。5週間にわたり家族グループ向けのプログラムが提供され、その後3か月に渡り家族が集まり話し合う場の提供がなされたプログラムです。この研究は準実験計画法による調査研究であり、介入群において緊張度や落胆度が減少し、満足度は増加したという結果が得られました（2008b）。また、特別養護老人ホームの入居時期が介入群において有意に遅くなった（6か月）との結果も報告されています（2008a）。

　また、台湾ではHuangら（2011）による認知症の人の家族介護者に、家族支援プログラムを提供したRCTによる調査結果が報告され、家族支援プログラムのために開発された家族向けマニュアルの提供と、個別訪問による2回のセッション、定期的な複数の電話によるセッションを組み合わせたプログラムを提供した結果、介入群において、コントロール群と比較して、介護準備度、コンピテンス、自己効力感が改善したとの結果が得られています。

2．本書で紹介している家族支援プログラムとの関係

　認知症の人の家族介護者の中には、認知症の症状や進行についての情報や、適切な対応方法などを学ぶ機会やアドバイスを得る機会もないまま、長い間、介護に従事してこられている方もおられるでしょう。日本においても、認知症の人の家族支援プログラムは必要とされています。

　欧米の先行研究からも示唆されるように、日本でも、本人、家族ともに、安定した地域生活を望まれる場合には、訪問型の、個別支援プログラムが提供されることが望まれるでしょう。日本で、個別に地域の家族介護者へ家族支援プログラムを継続的に提供できる機関としては、地域包括支援センター、認知症疾患医療センター、居宅介護支援事業所、訪問看護ステーション、精神科医療機関の訪問部署、保健所・保健センター、訪問介護事業所、家族会等があげられます。それらの機関における、社会福祉士、精神保健福祉士、保健師、看護師、介護支援専門員（ケアマネジャー）、介護福祉士、作業療法士その他のスタッフが、家族の支援を適切に行えば、認知症の人が安定した地域生活を継続できる可能性が高くなり、家族自身の生活の質も向上します。家族介護者が認知症の人のさまざまな行動への対応に苦慮しているような場合だけでも、適切な家族支援プログラムが提供され、家族自身が少しでも介護を続けやすくなるような支援がなされるとよいでしょう。

　（本章は、共著者の結城の修士論文執筆後に本書のために福島が執筆したものですが）本書の第3章で紹介している家族支援プログラムは、先行研究の内容などを踏まえて開発されたものです。欧米のこれまでの知見を参考にしつつ、日本の家族の実例や、実践経験をもとに、工夫を重ねたものです。本書における家族支援プログラムの効果の検証は、今後の課題となります。

引用・参考文献

a

Andrén S. & Elmståhl, S.(2008a) "Effective psychosocial intervention for family caregivers lengthens time elapsed before nursing home placement of individuals with dementia: a five-year follow-up study". International Psychogeriatrics. 20(6): 1177-1179.

Andrén S. & Elmståhl, S. (2008b) "Psychosocial intervention for family caregivers of people with dementia reduces caregiver's burden: development and effect after 6 and 12 months." Scandinavia Journal of Caring Science. 22(1) :98-109.

安部幸志（2001）「主観的介護評価尺度の作成とストレッサーおよびうつ気分との関連について」『老年社会科学』23（1），40-49.

安部幸志（2002）「介護マスタリーの構造と精神的健康に与える影響」『健康心理学研究』15（2），12-20.

青木公義・笠原洋勇（2009）「精神療法」深津亮・斉藤正彦編 『くすりに頼らない認知症治療Ⅰ非薬物療法のすべて』ワールドプランニング，23-35.

新井明日奈・荒井由美子・Seven H. Zarit（2006）「BPSDによる家族介護者の負担およびその軽減策 – 介護者への介入を中心として」『精神科』9（1），48-56.

荒井由美子・杉浦ミドリ（2000）「家族介護者のストレスとその評価法」『老年精神医学雑誌』11（12），1360-1364.

荒井由美子・杉浦ミドリ（2001）「介護保険制度は痴呆性高齢者を介護する家族の介護負担を軽減したか」『老年精神医学雑誌』12（5），465-470.

荒井由美子・田宮菜奈子・矢野栄二（2003）「Zarit 介護負担尺度日本語版の短縮版（J-ZBI-8）の作成：その信頼性と妥当性に関する検討」『日本老年医学会雑誌』40（5），497-503.

旭多貴子・伊藤美智予・尾之内直美ほか（2006）「『家族支援プログラム』の地域における新たな展開」認知症ケア学会誌，5-2.

b

Barker, R.L. (2014) "The Social Work Dictionary 6th Edition." NASW Press.

Basu R, Hochhalter AK, Stevens AB. (2015) "The Impact of the REACH II Intervention on Caregivers' Perceived Health." Journal of Applied Gerontology. 34(5):590-608.

Beck, J.S.(2011) "Cognitive Behavior Therapy, Second Edition" Guilford Press.

Belle, SH, Burgio, L, Burns, R. et al. (2006) "Enhancing the quality of life of dementia caregivers from different ethnic or racial group: randomized, controlled trial." Annals of Internal Medicine, 145, 727-738.

別所遊子・細谷たき子・長谷川美香ほか（2000）「痴呆性高齢者のための地域リハビリ教室の成果と評価尺度の検討」福井医科大学研究雑誌，1（2），341-353.

Brodaty, H. & Gresham, M. (1989) "Effect of a training programme to reduce stress in carers of patients with dementia." British Medical Journal. 299, 1375-1379.

ボーデン,C(1998) "Who will I be when I die?", Harper Collins. (= 桧垣陽子訳（2003）『私は誰になっていくの？　アルツハイマー病者からみた世界』クリエイツかもがわ.

d

Dam AE, de Vugt ME, Klinkenberg IP,et al.(2016) "A systematic review of social support interventions for caregivers of people with dementia: Are they doing what they promise?" Journal of Maturitas, 85:117-30.

g

後藤雅博（2003）「家族心理教育（Family Psycho-Education）」日本家族研究・家族療法学会編『臨床家のための家族療法リソースブック　総説と文献105』金剛出版，66-70.

Gitlin, L.N., Winter, L., Corcoran, M. et al. (2003). "Effects of the home environmental skill-building program on the caregiver-care recipient dyad: 6-month outcomes from the philadelphia REACH initiative." Gerontologist, 43(4), 532-546.

Gitlin, L.N., Hauck, W.W., Dennis, M.P., & Winter, L. (2005). "Maintenance of effects of the home environmental skill-building program for family caregivers and individuals with Alzheimer's disease and related disorders." The Journals of Gerontology, 60A(3), 368-374.

Goldsmith, M. (1996) Hearing the voice of people with dementia opportunities and obstacle (= 2008), 高橋誠一監訳・寺田真理子訳『私の声が聞こえますか―認知症がある人とのコミュニケーションの可能性を探る』雲母書房.

h

服巻繁・島宗理（2009）『対人支援の行動分析学　看護・福祉・教育職をめざす人のABC入門』ふくろう出版.

Hepburn, K.W., Tornatore, J., Center, B. & Ostwald, S.W. (2001) "Dementia family caregiver training : Affecting beliefs about caregiving and caregiver outcomes." Journal of American Geriatrics Society, 49, 450-457.

Huang HL, Kuo LM, Chen YS et al. (2013). "A home-based training program improves caregivers' skills and dementia patients' aggressive behaviors: a randomized controlled trial." American Journal of Geriatric Psychiatry. 21(11) :1060-70.

長谷川和夫（2007）「認知症ケアの理念」日本認知ケア学会編『改訂・認知症ケアの基礎』ワールドプランニング，3-10.

長谷川和夫編著（2008）『やさしく学ぶ認知症のケア』永井書店.

長谷川啓三（2010）『解決志向介護コミュニケーション―短期療法で家族を変える―』誠信書房.

橋本栄里子（2005）「家族介護者の束縛感・孤立感・充実感尺度の開発とその信頼性・妥当性の検証」『病院管理』42（1），7-18.

平松誠・近藤克則・梅原健一ほか（2006）「家族介護者の介護負担感と関連する因子の研究（第2報）―マッチドペア法による介入可能な因子の探索―」『厚生の指標』53（13），8-13.

広瀬美千代（2006）「家族介護者の介護に対する肯定・否定両評価に関する文献的研究―測定尺度を構成する概念の検討と『介護評価』概念への着目―」『生活科学研究誌』5，1-13.

広瀬美千代（2010）『家族介護者のアンビバレントな世界―エビデンスとナラティブからのアプローチ』ミネルヴァ書房.

広瀬美千代・岡田進一・白澤政和（2005）「家族介護者の介護に対する認知的評価を測定する尺度の構造―肯定・否定の両側面に焦点をあてて―」『日本在宅ケア学会誌』9（1），52-60.

広瀬美千代・岡田進一・白澤政和（2007）「家族介護者の介護に対する認知的評価のタイプの特徴―関連要因と対処スタイルからの検討」『老年社会科学』29（1），3-12.

保坂隆（2003）「介護家族の身体症状と精神症状」『現代のエスプリ』437，63-70.

保坂隆・杉山洋子（1999）「在宅介護者への構造化された介入の効果」『老年精神医学雑誌』10（8），955-960.

i

井上郁（1996）「認知障害のある高齢者とその家族介護者の現状」『看護研究』29（3），17-30.

井上真由美・森脇由美子・大川敏子ほか（1999）「痴呆患者の主介護者の負担に関する教育介入の効果について」『看護研究』32（3），53-59.

一関開治（2005）『アルツハイマー病患者が自ら語る　記憶が消えていく』二見書籍，6.

伊藤順一郎（1997）「3章24　EE（感情表出）の研究について」『SSTと心理教育』中央法規出版，54-56.

j

張英信（2012）「韓国における家族介護者の肯定的介護認識に関する研究―同居家族療養制度の利用との関係に焦点をあてて―」ルーテル学院大学博士学位論文．

k

河合伊六（1995）「高齢者の行動分析：高齢者の生き方にスキナーを活かす」『行動分析研究』10（1），15-22．

鹿子供宏・上野伸哉・安田肇（2008）「アルツハイマー型老年認知症患者を介護する家族の介護負担に関する研究―介護者の介護負担感、バーンアウトスケールとコーピングの関連を中心に―」『老年精神医学雑誌』19（3），333-341．

上条憲司・中村貴志・納戸美佐子ほか（2009）「デイケアにおける認知症家族介護者の『家族支援プログラム』の効果」日本認知症ケア学会誌8（3），394-402．

川村真理・山中克夫・藤田和弘（1994）「在宅老人家族介護者のストレスコーピングに関する研究（Ⅰ）―コーピングスタイル別ストレスの構造に関する因子分析的検討―」『日本心理学会第58回大会発表論文集』904．

川崎陽子・髙橋道子（2005）「高齢者介護を通しての家族介護者の発達に関する一考察―自己成長感の形成から―」『東京学芸大学紀要　総合教育科学系』57，115-126．

菊澤佐江子（2016）「介護保険サービスの利用と家族介護者の抑うつ症状の推移　パネル調査データによる検討」『厚生の指標』63（4），8-16．

北村世都（2009）「認知症家族介護者の生涯発達を促す家族支援プログラムの開発」『研究助成論文集』（45），213-221．

北村世都・時田学・菊池真弓ほか（2005）「認知症高齢者の家族介護者における家族からの心理的サポートニーズ充足状況と主観的QOLの関係」『厚生の指標』52，33-42．

小林清香・星川直史（2006）「高齢期におけるサイコエジュケーション」『老年精神医学雑誌』17（3），267-271．

厚生労働省（2013）「認知症高齢者の現状（平成22年）」

厚生労働省（2014）「平成26年版　高齢社会白書」

厚生労働省老健局振興課（2013）「地域包括ケアシステムについて」

厚生労働省認知症施策検討プロジェクトチーム（2014）「今後の認知症施策の方向性について」

近藤克則（2007）『医療・福祉マネジメント―福祉社会開発に向けて―』ミネルヴァ書房．

日下菜穂子（2006）「高齢期のうつに対処する―認知行動療法の立場から」曽我昌祺編『高齢者のこころのケア』金剛出版，71-81．

久世純子ほか（2007）「NFU版介護負担感尺度の改訂―地域ケア研究推進センターにおける介護保険制度の政策的評価と介護負担感」『日本福祉大学情報社会科学論集』10，27-35．

黒澤直子（2011）「認知症高齢者の家族介護者への支援に関する現状と課題」北翔大学『人間福祉研究』14，121-128．

m

牧迫飛雄馬ほか（2009）「家族介護者に対する在宅での個別教育介入が介護負担感および心理状態へ及ぼす効果―層化無作為割り付けによる比較対照試験―」『老年社会科学』31（1），12-19．

Marriott,A., Donaldson,C., Tarrier, N et.al.(2000) "Effectiveness of cognitive-behavioural family intervention in reducing the burden of care in carers of patients with Alzheimer's disease." British Journal of Psychiatry, 176, 557-562.

松田修（2004）『お年寄りと家族のためのソーシャルスキル』サイエンス社．

松田修（2006）「高齢者の認知症とサイコエジュケーション」『老年精神医学雑誌』17（3），302-306．

松本一生（2003）「痴呆の介護家族」『現代のエスプリ』437，151-159．

目黒謙一（2004）「痴呆性高齢者への包括的介入：認知リハビリテーションの可能性」高次脳機能研究，24（2），72-79．

目黒謙一（2006）「地域における認知症の早期発見と対処：大崎―田尻プロジェクト」Psychogeriatrics, 20（3），207-215.

Miltenberger,R.G.(2001) "Behavior modification; principles and proceeders/2nd edition" (＝2006, 園山繁樹・野呂文行・渡部匡隆・大石幸二訳，『行動変容法入門』二瓶社．)

Mittleman, M.S., Ferris, S.H., Shulman, E., et al.(1995). "A comprehensive support program: Effect on depression in spouse-caregivers of AD patients." The Gerontologist. 35, 792-802.

Mittleman, M.S., Roth, D.L., Coon, D.W. & Haley, W.E.(2004). "Sustained benefit of supportive intervention for depressive symptoms in caregivers of patients with Alzheimer's disease." American Journal of Psychiatry, 161, 850-856.

三富紀敬（2008）『イギリスのコミュニティーケアと介護者』ミネルヴァ書房．

三野善央・米倉裕希子・何玲ほか（2009）「認知症の家族心理教育―感情表出（EE）研究の立場から―」『現代のエスプリ』507，72-84.

宮上多加子（2004）「家族の痴呆介護実践力の構成要素と変化のプロセス―家族介護者16事例のインタビューを通して―」『老年社会科学』26（3），330-338.

宮上多加子（2005）「家族の介護実践力に関する研究 ―痴呆介護実践力の構成要素と変化プロセスの特徴―」『高知女子大学紀要　社会福祉学部編』54，1-12.

望月紀子（2005）「要介護高齢者の家族介護者に対する心理・教育的介入プログラムの効果」『老年看護学』10（1），17-23.

森本美奈子（2008）「アルツハイマー型認知症患者と介護家族への心理教育介入効果に関する研究」『大阪難病研究財団研究報告書』4，68-72.

室伏君士（1989）『痴呆性老人の理解とケア』金剛出版．

永田久美子（2004）「家族介護の現状―統計から見えるもの」高齢者痴呆介護研究・研修センターテキスト編集委員会編著『高齢者痴呆介護実践講座Ⅱ』第一法規，205-208.

中谷陽明・東條光雅（1989）「家族介護者の受ける負担―負担感の測定と要因分析―」 社会老年学，29，27-36.

中山慎吾（2009）「認知症高齢者の行動上の問題への対処方法―教育を通じた介護者支援プログラムの比較研究」『鹿児島国際大学大学院学術論集』1，83-88.

Nichols, L.O., Chang, C., Lummus, A. et al. (2008). "The cost-effectiveness of a behavior intervention with caregivers of patients with Alzheimer's Disease." Journal of American Geriatric Society, 56(3), 413-420.

新名理恵（1991）「在宅痴呆性老人の介護者負担感：研究の問題点と今後の展望」『老年精神医学雑誌』2（6），754-762.

新名理恵（1992）「痴呆性老人の家族介護者の負担感とその軽減」『老年社会科学』14（Suppl），38-44.

新名理恵・矢冨直美・本間昭ほか（1989）『痴呆性老人の介護者のストレスと負担感に関する心理学的研究　東京都老人総合研究所プロジェクト研究報告書：老年期痴呆の基礎と臨床』東京都老人総合研究所，131-144.

新田静江（2003）「脳血管障害による歩行障害のある成人・高齢者の身体的・心理社会的適応と家族介護者の介護負担感と満足度の関係」『看護研究』36（1），41-52.

新田静江・望月紀子（2005）「要介護者の家族介護者を対象とする介入研究の動向と課題」『老年看護学』9（2），50-55.

日本認知症ケア学会編（2004）『改訂認知症ケアの基礎』日本認知症ケア学会．

認知症の人と家族の会愛知県支部（2012）『介護家族をささえる』中央法規出版．

野村美千江（2007）「地域における初期認知症高齢者と家族介護者への支援方法：文献検討」『愛媛県立医療技術大学紀要』4（1），35-42.

o

岡林秀樹・杉澤秀博・高梨薫（1999）「在宅障害高齢者の主介護者における対処方略の構造と燃えつきへの効果」『心理学研究』69（6），486-493.

小野寺敦志・下垣光（1998）「痴呆性老人の家族カウンセリングに関する研究―介護上の問題へのストラテジー」『Journal of Japanese Psychology』16（1），36-45.

大井玄（2009）『「痴呆老人」は何を見ているか』新潮新書.

大西丈二・梅垣宏行・鈴木祐介ほか（2003）「痴呆の行動・心理症状（BPSD）および介護環境の介護負担に与える影響」『老年精神医学雑誌』14（4），465-473.

大野裕（2003）『こころが晴れるノート―うつと不安の認知療法自習帳』創元社.

扇澤史子・黒川由紀子（2009）「認知症高齢者の小グループ家族介護者教室の意義と臨床心理士の役割についての一考察―家族介護者教室のある1グループの実践を振り返って―」『上智大学心理学年報』33，57-68.

扇澤史子・黒川由紀子（2010）「家族介護者の認知症を受け止める心理プロセスと介護負担感，介護肯定感との関係性についての文献的考察」『上智大学心理学年報』34，73-87.

尾之内直美（2007）『オノウチ式家族支援プログラム運営マニュアル』認知症と家族の会・愛知県支部.

p

ピンクストン E.M. & リンスク N.L.（1984）"Care of the Elderly: A Family Approach"（＝1992, 浅野仁・芝野松次郎監訳『高齢者の在宅ケア―家族に対する新しいアプローチ―』ミネルヴァ書房．）

s

斉藤恵美子・国埼ちはる・金川克子（2001）「家族介護者の介護に対する肯定的側面と継続意向に関する検討」『日本公衆衛生誌』48（3），180-188.

坂野雄二監，鈴木伸一・神村栄一（2008）『実践家のための認知行動療法テクニックガイド―行動変容と認知変容のためのキーポイント―』北大路書房．

坂田周一（1989）「在宅痴呆性老人の家族介護者の介護継続意思」『社会老年学』29，37-43.

櫻井成美（1999）「介護肯定感がもつ負担感軽減効果」心理学研究，70（3），203-210.

SAMHSA's National Registry of Evidence-Based Programs and Practices の介入要約 SAMHSA（2007）"Resources for Enhancing Alzheimer's Caregiver Health II" の Review http://nrepp.samhsa.gov/ViewIntervention.aspx?id=129（2012/07/09 時点）．

佐分厚子（2008）「日本の家族介護者研究における well-being の関連要因に関する文献レビュー」『社会科学』85，83-114.

Selwood, A., Johnston, K., Katnoa, C., et al. (2007) "Systematic review of the effect of psychological interventions on family caregivers of people with dementia." Journal of Affective Disorders, 101, 75-89.（＝2009, 鈴木貴子訳「認知症の人の家族介護者への心理学的介入効果に関する体系的レビュー」『認知症ケア学会誌』8（1），68-73.

杉山孝博（2012）『家族が認知症になったとき本当に役立つ本』洋泉社，8-24.

杉山孝博監（2012）『認知症の人のつらい気持ちがわかる本』講談社.

清水栄司（2010）『認知行動療法のすべてがわかる本』講談社．

陶山啓子・河野理恵・河野保子（2004）「家族介護者の介護肯定感の形成に関する要因分析」『老年社会科学』25（4），461-470.

Shulz, R., Burgio, L., Burns, R. et al. (2003) "Resources for enhancing Alzheimer's caregiver health (REACH): Overview, site-specific outcomes, and future directions." Gerontologist, 43(4), 514-520.

Shulz, R., O'Brien, A., Czaja, S., et al. (2002) "Dementia caregiver intervention research: In search of clinical significance" The Gerontologist, 42(5),589-602.

Shulz, R. & Martire, L.M. (2004) "Family caregivers of persons with dementia：Prevalence, health effects and support strategies." American Journal of Geriatric Psychiatry, 12(3), 240-249.

Stallard (2002) Think good-feel good – A cognitive behavior therapy workbook for children and young people (= 2010，下山晴彦監訳『認知行動療法ワークブック―上手に考え、気分はスッキリ―』)

鈴木亮子（2006）「認知症患者の介護者の心理状態の移行と関係する要因について―心理的援助の支援からみた介護経験―」『老年社会科学』27（4），391-405.

諏訪さゆり・湯浅美千代・正木治恵ら（1996）「痴呆性老人の家族看護の発展過程」『看護研究』29（3），31-42.

竹田伸也（2010）『認知行動療法による対人援助スキルアップ・マニュアル』遠見書房，23-26.

田所正典（2005）「アルツハイマー型痴呆患者ならびに主介護者の生活支援を目的とした非薬物療法的介入の試み―『物忘れケア教室』の6ヶ月後の有用性―」『老年精神医学雑誌』16（4），479-486.

Teri, T. & Schmidt, A. 監訳 前田 潔（2010）『アルツハイマー病を理解するために』ワールドプランニング，28-29，60-61.

高橋幸男（2009）「心理教育（サイコエジュケーション）」深津亮・斉藤正彦編『くすりに頼らない認知症治療Ⅰ非薬物療法のすべて』ワールドプランニング，69-78.

高森信子（2006）『あなたの力が家族を変える』ハートピア喜連川.

和気純子（1998）『高齢者を介護する家族―エンパワーメント・アプローチの展開にむけて―』川島書店.

和気純子・矢冨直美・中谷陽明・冷水豊（1994）「在宅障害老人の家族介護者の対処（コーピング）に関する研究（2）―規定要因と効果モデルの検討：社会福祉援助への示唆と課題―」『社会老年学』39，23-34.

矢冨直美（2003）「早期の痴呆あるいは前駆状態を対象とした介入プログラムのあり方」『老年精神医学雑誌』14（1），20-26.

山口淑恵・竹石達也ほか（2010）「地域包括支援センター職員の職業性ストレス評価」『日本産業衛生学会講演集』83，440.

山本則子（1995）「痴呆老人の家族介護に関する研究 娘および嫁介護者の人生における介護経験の意味 2．価値と困難のパラドックス」『看護研究』28（4），67-87.

湯原悦子（2010）「イギリスとオーストラリアの介護者法の検討」『日本福祉大学社会福祉論集』122.

湯原悦子（2011）「介護殺人と鬱―男性介護者がおちいりやすい危険」『認知症の人と家族の会愛知県支部30周年記念講演 資料』37-40.

福島喜代子 （ふくしま きよこ）

ルーテル学院大学　総合人間学部　教授。

大阪大学（学士）、カリフォルニア大学ロサンゼルス校（UCLA）大学院（社会福祉学修士）、日本社会事業大学大学院修了（博士：社会福祉学）。社会福祉士。留学前の最初の職場で、黎明期の高齢者の在宅福祉推進を担当し、全国の在宅福祉の現場を訪ね歩いた。対人援助職のトレーニングを専門とする。

＜主要著書＞

『市民後見人養成講座』（共著）民事法研究会 2013 年、『福祉サービスの基礎知識』（共著）自由国民社 2014 年、『自殺危機にある人への初期介入の実際』（編著）明石書店 2013 年、『相談援助の基盤と専門職』（編著）中央法規出版 2009 年、『日常生活自立支援事業　生活支援員の手引き』（共著）全国社会福祉協議会 2008 年　ほか

＜主要論文＞

「地域包括支援センターのアウトリーチ：支援を求めない高齢者への職員の働きかけに関する研究」（共著）『日本の地域福祉』29、95-106、2016 年、「社協マンのための総合的な相談援助講座〜深みと広がりのある相談援助のコツ〜」『NORMA　社協情報』2009 年、6 回連載、「地域福祉権利擁護事業の現状と課題―福祉サービス利用支援と日常生活金銭管理を通して判断能力の不十分な人々の権利を擁護する―」『国民生活研究』45（4）、68-88、2006 年、「成年後見制度におけるソーシャルワーカーの役割」『社会福祉学』39（2）、118-133、1999 年　ほか

結城千晶 （ゆうき ちあき）

医療法人社団翠会 介護付有料老人ホーム シェモア西台　相談員（施設ケアマネジャー兼務）

日本女子大学文学部社会福祉学科卒業。医療法人社団翠会成増厚生病院に精神医学ソーシャルワーカーとして勤務。その後、同法人の介護老人保健施設支援相談員、居宅介護支援事業所ケアマネジャー、地域包括支援センター主任ケアマネジャーを経て、2010 年より、ハート・ケアみその（居宅介護支援・訪問介護事業所）の管理者、主任ケアマネジャーとして要介護高齢者の在宅支援に従事。2016 年より現職。

2009 年よりルーテル学院大学大学院総合人間学研究科（社会福祉学専攻）に入学し、2011 年度に修士論文「認知行動療法をとり入れた家族支援プログラムの試み―認知症高齢者の家族介護者に対するケアマネジャーの個別介入―」をまとめた。社会福祉士、精神保健福祉士、認知症ケア専門士。

事例で学ぶ認知症の人の家族支援
――認知行動療法を用いた支援プログラムの展開

2017年2月15日　発行

編　著	福島喜代子
著　者	結城千晶
発行者	荘村明彦
発行所	中央法規出版株式会社
	〒110-0016　東京都台東区台東3-29-1　中央法規ビル
	営　　業　TEL 03-3834-5817　FAX 03-3837-8037
	書店窓口　TEL 03-3834-5815　FAX 03-3837-8035
	編　　集　TEL 03-3834-5812　FAX 03-3837-8032
	http://www.chuohoki.co.jp/
装　幀	伊沢眞理子
イラスト	こうのみほこ
印刷・製本	図書印刷株式会社

ISBN 978-4-8058-5471-6

定価はカバーに表示してあります。落丁・乱丁本はお取り替えいたします。
本書のコピー、スキャン、デジタル化等の無断複製は、著作権法上での例外を除き禁じられています。
また、本書を代行業者等の第三者に依頼してコピー、スキャン、デジタル化することは、たとえ個人や家庭内での利用であっても著作権法違反です。